中国能源政策研究院前沿研究系列

中国减少化石能源补贴改革成效与补贴设计

Subsidy Design and Impact of Energy Reforms on Reducing Fossil Subsidy in China

林伯强　编著

科 学 出 版 社

北 京

内 容 简 介

本书结合历年中国化石能源价格改革历程，分别从财务成本、环境外部成本的角度估算 2013～2015 年中国化石能源补贴规模，详细地考察中国化石能源补贴的动态变化，估算中国化石能源的有效能源价格和补贴。并在一定程度上评估中国在油、气、煤、电领域数年来的改革是否真正发挥了作用，通过比较分析也为下一步的改革机制设计提供了有益建议。

本书可供能源及经济相关专业的高等院校师生以及从事于能源、经济相关的研究人员、政府管理及决策部门参考。

图书在版编目(CIP)数据

中国减少化石能源补贴改革成效与补贴设计 = Subsidy Design and Impact of Energy Reforms on Reducing Fossil Subsidy in China/ 林伯强编著.—北京：科学出版社，2018.3

（中国能源政策研究院前沿研究系列）

ISBN 978-7-03-056637-9

Ⅰ.①中… Ⅱ.①林… Ⅲ.①能源经济 – 政府补贴 – 研究 – 中国 Ⅳ.①F426.2

中国版本图书馆CIP数据核字(2018)第038168号

责任编辑：范运年 崔元春／责任校对：彭 涛
责任印制：师艳茹／封面设计：无极书装

科学出版社 出版
北京东黄城根北街 16 号
邮政编码：100717
http://www.sciencep.com
新科印刷有限公司 印刷
科学出版社发行 各地新华书店经销

*

2018 年 3 月第 一 版 开本：720 × 1000 1/16
2018 年 3 月第一次印刷 印张：8 1/2
字数：171 000

定价：78.00 元
（如有印装质量问题，我社负责调换）

作者简介

林伯强，美国加利福尼亚大学(Santa Barbara)经济学博士。现任厦门大学中国能源政策研究院院长、能源经济与能源政策协同创新中心主任、博士生导师，是2008年教育部(长江学者)特聘教授。其目前主要的研究和教学方向为能源经济学和能源政策。国内兼任国家能源委员会能源专家咨询委员会委员，国家发展和改革委员会能源价格专家咨询委员会委员，中国能源学会副会长，新华社特聘经济分析师，中央人民广播电台特约观察员。国际方面现兼任达沃斯世界经济论坛能源顾问委员会委员和达沃斯世界经济论坛全球议程低碳能源理事会委员。

前　言

在应对气候变化的背景下,化石能源补贴一直是全球性的疑难问题。2009年,二十国集团(G20)领导人在美国匹兹堡峰会上提出全面退出化石能源补贴,之后多年其进展甚微。由于化石能源消费涉及二氧化碳排放,作为全球最大的化石能源消费国及碳排放国,中国化石能源补贴问题备受关注。一般认为,化石能源补贴通常会造成低效甚至无效的能源使用,导致能源过度消费和环境污染。

2009年9月,G20领导人在美国匹兹堡峰会上提出"在中期内理顺并逐步停止无效的化石能源补贴并制定有目标(穷人)的能源补贴"。会议要求各国政府明确本国的化石能源补贴,并制定取消化石能源补贴的时间表及报告进度。2009年G20匹兹堡峰会后,各国纷纷制定了化石能源补贴的改革计划。

改革前,中国化石能源价格普遍受政府管制,管制下的低化石能源价格意味着大量的化石能源补贴。中国自改革开放以来,政府用较低的能源和环境成本换来了快速的经济增长和举世瞩目的普遍能源服务,但同时也付出了巨大的环境代价。2009年G20匹兹堡峰会前,中国化石能源补贴量大,尤其在能源价格高起的2008年,有学者估计中国化石能源补贴总额约为8000亿元。国际能源署(IEA)估算2011年中国化石能源补贴达到了356亿美元。

中国化石能源补贴改革对全球削减化石能源补贴的努力具有重要意义。2009年G20匹兹堡峰会之后,中国出台了多项化石能源价格改革措施,价格改革加速,并在各个能源领域全面展开。中国化石能源补贴大幅削减则是从2013年开始的,除了其主要原因——2009年以来中国化石能源价格改革明显加速并在各个领域全面展开之外,另一个原因是中国能源消费增速和能源价格快速下滑。

经过数年的能源价格改革,我们有必要评估中国油、气、煤、电领域的改革是否真正发挥了作用,以及当前中国化石能源补贴状况。结合历年中国化石能源价格的改革历程,分别从财务成本、环境外部成本的角度估算2013~2015年中国化石能源补贴规模,详细地考察化石能源补贴的动态变化,估算中国化石能源的有效能源价格和补贴。

本书得出了以下几个基本结论。

　　得益于能源价格大幅下跌和能源需求增速减缓，以及能源价格机制改革的有效推进，近年来，中国化石能源补贴大幅削减。2013～2015年，中国化石能源补贴规模从3834.50亿元下降至−1047.41亿元，至2015年财务意义上的补贴已经退出。随着2013年成品油定价机制的进一步完善及国际原油价格持续低迷，成品油补贴规模逐年下降，甚至出现了负补贴的情况；随着2013年政府开始实施密集的天然气补贴改革措施，天然气补贴规模三年内削减了1377亿元，其中工商业部门天然气补贴已基本取消。

　　然而，中国居民部门电力和天然气交叉补贴现象仍然严重。与欧美等发达国家相比，中国的居民用电价格长期低于工业用电价格。2001～2015年，中国工业部门电价上涨近50%，而居民部门销售电价仅提价15%左右。与此同时，城市化进程中居民部门电力消费量持续增长，使得居民部门电力交叉补贴居高不下。即使政府已实施居民阶梯电价政策，但2015年，中国居民部门交叉补贴仍高达4868.10亿元，工业部门则付出了3069.95亿元的收益补贴，予以补贴居民和农业部门；同时天然气定价机制改革并未涉及居民部门，居民部门用气价格仍远低于工业部门用气价格，2015年，居民部门天然气补贴量高达474.50亿元，占天然气总补贴份额的81%。

　　虽然居民部门化石能源补贴规模整体有所削减，近两年来价格基本不变，但在消费量增长的前提下，削减幅度并不大。2013～2015年，居民部门补贴规模仅减少了349亿元。即使居民部门天然气消费量逐年增加，但居民阶梯气价的实施及居民气价上调使得居民部门用气补贴量削减了125亿元。同时成品油定价机制的进一步完善及成品油价格的持续低迷，使居民部门的成品油补贴大幅削减。但居民部门电力消费的补贴没有得到解决，居民部门电力消费量不断增加，使得居民部门电力交叉补贴量有所上升，进而导致居民部门化石能源补贴规模总量削减幅度并不大。

　　在考虑外部环境成本的情景下，煤炭使用导致的能源补贴量仍然很大。即使中国在2013年已经完成了煤炭价格的完全市场化，但煤炭所产生的环境污染和健康外部成本并没有体现在目前的煤炭定价机制中。由于煤炭消费量的减少，2015年煤炭产生的环境外部成本比2013年减少了4161亿元。然而，中国以煤炭为主的能源消费结构短期内难以改变，煤炭使用产生的碳排放及空气污染仍带来了高昂的环境外部成本，政府需要通过清洁发展和煤炭替代来进一步减少煤炭外部环境成本导致的补贴。

　　政府需要通过改革防止能源补贴反弹。近年来，能源补贴减少很大程度上得益于能源价格大幅度下跌和能源需求增速减缓，因此，能源需求和价格反弹将导致能源补贴反弹，政府需要把握改革时机，推进能源价格机制的市场化改革，尽可能锁定近年来减少化石能源补贴取得的成果，防止能源补贴反弹，主要包括解决居民部门交叉补贴和减少环境外部性成本。现阶段能源供大于求和低能源价格有益于能源改革。

能源改革（尤其是其中更为敏感的能源价格改革）有两个基本的前提条件：一是能源供需必须宽松。因为政府很难在能源短缺时进行改革，这个时候满足能源需求是首要任务，效率是其次，而改革是为了提高效率，满足需求可以没有改革。二是能源价格必须是稳定的或者是下行的。因为能源价格改革的最大阻碍在于改革后价格可能上涨，从而影响经济增长和社会稳定。例如，在低能源价格的背景下进行居民部门交叉补贴相关的价格机制改革，如果改革不导致价格上涨，只是改变以前不完善的定价方式，价格不变甚至降低，改革必然受到居民的欢迎。因为相对而言，消费者更关心的是改革是否会导致价格上涨，而不是政府以何种方式定价。此外，在低能源价格时进行改革，可以使改革对经济增长和社会稳定的影响最小化。

中国化石能源补贴（含外部环境成本）将长期存在。从政府角度而言，一方面，需要促进清洁发展和煤炭替代、改革能源价格机制和推动能源体制市场化，减少补贴；另一方面，需要通过建立透明有效的价格机制，算清补贴账。从学术界角度而言，未来中国化石能源补贴研究还可以继续延伸出两个方面的问题：一是深入研究平衡化石能源三大目标的最优价财税体系；二是如何将"有效能源补贴"合理有效地"分发"到各个收入群体，做好补贴设计，通过有目标和透明的化石能源补贴，使化石能源补贴的收益最大化，同时兼顾化石能源补贴的效率和公平。

化石能源补贴是国际上普遍存在的问题，呼吁减少化石能源补贴的声音从不间断，而现实中减少化石能源补贴的努力收效甚微。减少化石能源补贴的难点在于有些化石能源补贴是经济最大化所要求的，是必要的补贴。因此，对于发展中国家来说，既要认识到减少化石能源补贴对经济可持续发展的重要性，也需要实事求是地考虑一些化石能源补贴的必要性。

2009 年以来，政府通过化石能源价格机制改革，一直致力于减少化石能源补贴。2013 年以来，得益于化石能源价格大幅下跌和能源需求增速减缓及能源价格机制改革的有效推进，中国化石能源补贴得到大幅削减，至 2015 年财务意义上的化石能源补贴已经取消。但是居民部门交叉补贴现象仍然严重，同时大量的煤炭消费导致高昂的外部环境成本，使得考虑外部环境成本的能源补贴依然存在。即使考虑政府需要平衡经济发展、能源普遍服务及环境可持续性三大能源目标，允许存在一定的有效化石能源补贴，但与之对应的无效化石能源补贴规模仍然较大，政府还需要继续通过清洁发展和能源价格机制改革来尽量减少化石能源补贴。

本书在选题、内容讨论和报告形成等方面受到世界自然基金会的大力支持和资助，在此表示感谢。

本书是团队合作的结果。厦门大学能源经济与能源政策协同创新中心、厦门大学中国能源政策研究院、厦门大学中国能源经济研究中心的李江龙、李想、凌楚雄、刘畅、孙传旺、郑清英、Shirley Lin 等博士研究生、硕士研究生均参与了本书的编写。特别感谢世界自然基金会的参与和指导，以及我的博士研究生刘畅、凌楚雄所做的大量组织和协调工作。厦门大学能源经济与能源政策协同创新中心及厦门大学中国能源经济研究中心的所有教师、科研人员、行政人员、研究生为本书的编写提供了诸多帮助，在此表示感谢。我们深知所做的努力还不够，不足之处，望读者指正。

本书研究成果获得了 2015 年度能源软科学研究优秀成果三等奖。

真诚地希望本书可以为中国化石能源补贴政策的讨论和选择提供有效的参考。

林伯强

2017 年 6 月于厦门

目　　录

第1章　中国能源补贴改革历程

2009 年 9 月，二十国集团(G20)领导人在美国匹兹堡峰会(以下简称 G20 匹兹堡峰会)上提出"在中期内理顺并逐步停止无效的化石能源补贴并制定有目标(穷人)的能源补贴"[1]。会议要求各国能源部和财政部部长明确本国的化石能源补贴，并制定取消化石能源补贴的时间表及报告进度。作为全球最大的能源消费国及碳排放国，中国化石能源补贴改革备受关注。

过去，中国化石能源价格普遍受政府管制，且多为成本加成定价。政府管制下的较低的化石能源价格意味着大量的化石能源补贴。例如，Lin 和 Jiang[2]估算了 2007 年中国化石能源补贴高达 3567.3 亿元，占当年国内生产总值(gross domestic product, GDP)的 1.43%。对中国过去十年间的化石能源补贴改革政策进行梳理后发现，自 2009 年以来，中国化石能源补贴改革明显加速，并在各个领域全面展开(表 1-1)。

表 1-1　2005～2015 年中国化石能源补贴改革历程

时间	改革领域	主要内容
2005 年	天然气	出厂价由政府定价，根据气源实行两档价格。根据原油、液化石油气和煤炭五年移动平均价格确定出厂价，每年调整一次(实际未每年调整)
	煤炭	政府宣布不再直接干预电煤价格
	电力	实施煤电联动政策：以不少于 6 个月为一个煤电价格联动周期，若周期内平均煤价较前一个周期变化幅度达到或超过 5%，则相应调整电价，但该政策在实施过程中频频受阻
2006 年	成品油	定价机制：以布伦特、迪拜和辛塔三地的原油价格为基准，加上炼油成本、适当利润空间及税费等确定基础油价，并考虑国内宏观经济、居民消费价格指数(consumer price index, CPI)等多方面因素确定成品油的零售价 配套补贴：建立对部分弱势群体(农、林、渔业)和公益性行业(民航、铁路、出租车及公路客运等)给予补贴的机制
	煤炭	政府明确表示不再协调电煤价格，但遭遇较大阻力
2009 年	成品油	定价机制：当布伦特、迪拜和辛塔三地原油连续 22 个工作日移动平均价格变化超过 4%时，相应调整国内成品油价格 税费改革："变费为税"，提高成品油消费税单位税额，取消公路养路费等，新增税收入依次分配给公路养路费等及弱势群体
	煤炭	政府终止一年一度的煤炭订货会，以网络汇总的形式召开，鼓励供需企业之间签订 5 年及以上的长期购销合同

续表

时间	改革领域	主要内容
2010 年	天然气	提高天然气价格，将第一、第二档气价并轨
2011 年	天然气	广东、广西(以下简称"两广")试点：按照 60%和 40%加权计算燃料油和液化石油气的等热值可替代的能源价格，按 0.9 的折价系数调整，确定最高省门站价格
2012 年	电力	在全国范围内实施居民阶梯电价，各省将城乡居民每月用电量按照满足基本用电需求、正常合理用电需求和较高生活质量用电需求划分为三档，电价分档递增
2013 年	成品油	定价机制：将成品油计价和调价周期由 22 个工作日缩短至 10 个工作日，取消上下 4%的调价幅度限制；根据进口原油结构及国际市场原油贸易变化，相应调整国内成品油价格挂靠油种
	天然气	全国：对各省门站价格实施最高上限价格管理，划分存量气和增量气。增量气门站价按"两广"地区试点方案中的计价办法一步调整到 2012 年下半年以来可替代能源价格 85%的水平；存量门站价格在 3 年内分步调整完成；居民用气不作调整
	煤炭	取消电煤重点合同，取消电煤价格双轨制，煤炭企业和电力企业自主衔接签订合同，自主协商确定价格
	电力	完善煤电联动：规定当电煤价格波动幅度超过 5%时，以年度为周期调整上网电价，电力企业将消化煤价波动比例的 10% 将现行销售电价逐步归并为居民生活用电、农业生产用电和工商业及其他用电价格三个类别，规范各类销售电价的适用范围
2014 年	天然气	居民三档式阶梯气价：第一档用气保障基本生活需求，覆盖 80%的居民；第二档用气改善提高合理用气需求，覆盖 95%的居民；第三档用气覆盖全部居民。原则上第一、第二、第三档气价按 1∶1.2∶1.5 的比价安排。2015 年年底前所有已通气城市实施阶梯气价
2015 年	天然气	将非居民用气由最高门站价格管理改为基准门站价格管理，供需双方可在上浮 20%、下浮不限的范围内协商确定具体门站价格

　　在世界能源消费结构中，天然气消费通常占一次能源消费总量的 25% 左右。而中国的天然气消费量占比不足 6%。过去，中国天然气价格同样由政府指导定价并采用"成本加成"定价的方法。随着天然气消费量的爆发式增长，中国自 2007 年开始，成为天然气净进口国，"成本加成"定价法则下的气价倒挂现象严重；2011 年，中国政府选择"两广"地区进行试点，试行"市场净回值法"定价改革，并在 2013 年将"两广"地区的定价思路向全国推广，将天然气价格管理由出厂环节调节转移至门站环节调节，实行政府指导的最高上限价格管理，推行"存量气+增量气"门站价格调整方案；2014 年，国家发展和改革委员会将天然气价格改革延伸至居民部门，对居民用气实施阶梯气价；2015 年，政府将最高门站价格管理改为基准门站价格管理。在成本加成定价法则下，中国天然气消费量的爆发式增长使其补贴规模逐年增加[3]。政府自 2013 年以来快速推进的天然气补贴改革，有助于

抑制和减少天然气补贴。

中国的能源结构"以煤炭为主"，同时中国也是世界上最大的煤炭消费国。煤炭价格自 20 世纪 90 年代以来从政府定价逐渐过渡到市场化定价。由于中国的煤炭价格受到政府干预，煤炭价格分"计划煤"价格和"市场煤"价格。2005 年以来，政府多次表示不再干预或协调煤炭价格，直至 2013 年，政府取消重点电煤合同、取消煤炭价格双轨制，煤炭价格才全面市场化。这意味着，中国政府对煤炭的补贴也相应地取消。

中国的电力价格同样受政府管制，电力价格主要由历史水平及新增费用决定。中国的电力系统一直以火电为主，火电提供了超过 75%的电力。电力价格的市场化程度远远小于煤炭价格，这使得中国的煤电矛盾尤其突出。2005 年，中国政府宣布实施煤电联动政策，力求两者之间价格挂钩。然而在实际操作中，煤电联动政策实施多次受阻。此外，中国的居民用电价格低，存在严重的交叉补贴。为有目标地补贴居民用电，2012 年，中国政府在全国范围内推行三档式阶梯电价，各省根据实际条件制定不同的阶梯电价方案。2013 年，中国政府将原本的七大类销售电价简化归并为居民生活用电价格、农业生产用电价格及工商业用电价格。与油、气领域的改革相比，中国电力部门的补贴改革相对滞后。

结合以上分析，本章将对近五年来能源价格改革较为活跃的成品油和天然气补贴改革进行深入分析。

1.1　中国成品油价格改革

1.1.1　中国成品油价格改革历程

1. 中国成品油定价机制改革

中国现有的成品油定价机制是在 1998 年出台的《原油、成品油价格改革方案》、2008 年年底出台的《国务院关于实施成品油价格和税费改革的通知》及随后的一系列调整上形成的(表 1-2)。除了军队及国家用油外，中国成品油绝大部分执行的是政府指导下的相对市场定价。其价格主要包括原油价格、相关税费、流通环节费用和合理利润 4 个部分。但航空煤油和航空汽油仍然属于政府定价。

表 1-2　　1998～2016 年中国成品油定价机制改革历程

时间	改革要点
1998 年	**价格挂靠及调整周期**：新加坡市场汽油和柴油交易价格累计变动超过 5%时，对应调整国内成品油价格 **汽油、柴油**：标准品的零售价格从政府定价变为政府指导定价(零售中准价上下浮动 5%)、非标准品零售价格由两大集团自行确定；汽油、柴油的出厂价格、批发价格、批零差率由两大集团公司自主制定 **其他成品油**：两大集团公司外销的化肥用重油、航空煤油的出厂价格由国家发展计划委员会制定；除化肥、农膜料以外的化工产品价格由两大集团公司自主制定
2000 年	**价格挂靠及调整周期**：与新加坡市场成品油市场价格挂钩；以上一个月新加坡的成品油价格为准，对国内的成品油价格进行每月调整
2001 年	**价格挂靠及调整周期**：与新加坡、鹿特丹和纽约三地成品油市场价格挂钩；当新加坡、鹿特丹和纽约三地市场汽油、柴油月加权平均价格变动超过一定幅度时，相应调整国内成品油价格 **汽油、柴油**：汽油、柴油零售价仍实行政府指导价(零售中准价上下浮动 8%) **其他成品油**：除军队用油外，放开灯用煤油、化工轻油和燃料用重油价格；化肥用重油按照与汽油 0.35～0.45 的比价区间，由供用双方协商确定
2006 年	**汽油、柴油**：挂靠对象改新加坡、鹿特丹和纽约三地成品油市场价格为布伦特、迪拜和米纳斯三地的原油价格(其后由于米纳斯原油产量下降，辛塔原油替代了米纳斯原油作为新的挂靠对象，其具体实施日斯并未公开公布)
2009 年	**汽油、柴油**：零售实行最高零售价格；批发实行最高批发价格；国际市场原油价格持续上涨或剧烈波动时，对汽油、柴油价格进行适当调控 **其他成品油**：液化气改为实行最高出厂价格管理 **价格挂靠及调整周期**：当国际市场原油连续 22 个工作日移动平均价格变化超过 4%时，可相应调整国内成品油价格
2013 年	**价格挂靠及调整周期**：根据进口原油结构及国际市场原油贸易变化，相应调整了国内成品油价格挂靠油种；调整周期由 22 个工作日缩短至 10 个工作日，并取消上下 4%的幅度限制(为节约社会成本，当汽油、柴油调价幅度低于 50 元/t 时，不作调整，纳入下次调价时累加或冲抵)
2016 年	**价格挂靠及调整周期**：国内成品油价格挂靠的国际市场原油价格低于 40 美元/桶时，国内成品油价格不再下调；国际市场原油价格低于 40 美元/桶时，挂靠的成品油价格未调金额全部纳入风险准备金，设立专项账户存储，经国家批准后使用，主要用于节能减排、提升油品质量及保障石油供应安全等方面 **其他成品油**：放开液化石油气出厂价格，由供需双方协商确定

　　根据《石油价格管理办法》，中国成品油消费的主体为汽油和柴油，现行的是最高零售价格和最高批发价格，即由政府制定一个最高零售价格和最高批发价格。成品油零售企业可在不超过政府规定的汽油、柴油最高零售价格的前提下，自主制定具体零售价格。成品油批发企业可在不超过汽油、柴油最高批发价格的前提下，与零售企业协商确定具体批发价格。最高零售价格和最高批发价格每 10 个工作日进行一次调整。

　　最高零售价格方面：①当挂靠国际原油价格低于 40 美元/桶时，政府按 40 美元的原油价格加上合理的税、费、加工成本及正常加工利润确定出厂价，再根据成品油出厂价和合理流通环节差价确定最高零售价格；②当挂靠国际原油价格为 40～80 美元/桶时，政府按挂靠的国际原油价格加上合理的税、费、加工成本及正常加工利润确定出厂价，再加上合理流通环节差价后确定最高零售价格；③当挂靠国际原油价格高于 80 美元/桶时，政府开始扣减加工利润直至加工利润为零，并根据挂靠原油价格，加上合理的税、费、加工成本及扣减后的加工利润确定出厂价，再加上合理流通环节差价后确定最高零售价格；④当挂靠国际原油价格高于 130 美元/桶(含)时，原则上不提或少提成品油价格。

最高批发价格方面：成品油批发企业销售给零售企业的汽油、柴油最高批发价格，合同约定由供方配送到零售企业的，由省级价格主管部门按对应的最高零售价格每吨扣减 300 元确定；合同未约定配送的，最高批发价格由省级价格主管部门在扣减 300 元的基础上，再考虑运杂费因素确定。

2. 中国成品油税费改革

除进出口关税外，国内针对成品油的税种主要有消费税、增值税、城市建设维护税及教育附加税，这些税收都计入成品油价格内，都属于价内税。

消费税以消费品流转额作为征收依据，是政府向消费品征收的税项。消费税虽然是政府向批发商或零售商征收的，但最终是由消费者承担。消费税是中国成品油税收比例中占比最大的税种，包括汽油、柴油、石脑油、溶剂油、航空煤油、润滑油和燃料油 7 个子目，各子目间税率有所差别。

增值税是对生产、流通、劳务服务中多个环节的新增价值或商品的附加价值征收的一个税种，以流转过程中的增值额为征收依据，以销售货物或者提供加工、修理修配劳务及进口货物的单位和个人为征收对象。增值税在中国成品油税收中占比仅次于消费税。

城市建设维护税的征税对象是有经营收入的单位或个人，征税的目的在于支持和加强城市的维护和建设。城市建设维护税以单位或个人缴纳的增值税、消费税和营业税作为征收依据。例如，如果城市建设维护税税率为 7%，那么应缴城市建设维护税税额就是(增值税税额+消费税税额+营业税税额)×7%。

教育附加税同城市建设维护税一样，是对有缴纳消费税、增值税、营业税的单位和个人征收的一个税种，征收依据是其缴纳的增值税、消费税和营业税。同城市建设维护税一样，如果教育附加税税率为 3%，那么应缴的教育附加税税额就是(增值税税额+消费税税额+营业税税额)×3%。表 1-3 给出了 2016 年 3 月中国成品油征收的各个税种的税额和税率。

表 1-3　2016 年 3 月中国成品油各个税种税率表

税种		税额/税率
消费税	含铅汽油	1.52 元/L
	无铅汽油	1.52 元/L
	柴油	1.20 元/L
	航空煤油	1.20 元/L
	石脑油	1.52 元/L
	溶剂油	1.52 元/L
	润滑油	1.52 元/L
	燃料油	1.20 元/L
增值税		17%
城市建设维护税	市区	7%
	县城、镇	5%
	其他	1%
教育附加税		3%

资料来源：国家税务总局，http://www.chinatax.gov.cn/，笔者整理制表

1) 税费改革介绍

2008 年年底，《国务院关于实施成品油价格和税费改革的通知》（以下简称《通知》）发布。《通知》提到成品油税费改革的重点有：①取消公路养路费、公路运输管理费、公路客货运附加费、航道养护费、水路运输管理费、水运客货运附加费 6 项收费。②逐步有序取消政府还贷二级公路收费。③提高成品油消费税单位税额。④对进口石脑油恢复征收消费税。2010 年 12 月 31 日前，对国产的用作乙烯、芳烃类产品原料的石脑油免征消费税；对进口的用作乙烯、芳烃类产品原料的石脑油已纳消费税予以返还。航空煤油暂缓征收消费税。对用外购或委托加工收回的已税汽油生产的乙醇汽油免征消费税；用自产汽油生产的乙醇汽油，按照生产乙醇汽油所耗用的汽油数量申报纳税。对外购或委托加工收回的汽油、柴油用于连续生产甲醇汽油、生物柴油的，准予从消费税应纳税额中扣除原料已纳消费税税款。

对于新征的消费税、提高的增值税及相应增加的城市建设维护税和教育附加税所带来的税收收入增加，《通知》明确提出将其用于以下方面：替代公路养路费等 6 项收费的支出；补助各地取消政府还贷二级公路收费；对种粮农民增加补贴，对部分困难群体和公益性行业进行补助支持；作为增量资金。

《通知》出台后，同年年底，财政部和国家税务总局正式下达文件，通知于 2009 年 1 月 1 日起开始正式执行税费改革，将不同成品油的消费税税率分别提高到一定幅度：汽油方面，含铅汽油和无铅汽油的消费税单位税额分别由原来的 0.28 元/L、0.2 元/L 提高到 1.4 元/L、1.0 元/L；柴油的消费税单位税额由原来的 0.1 元/L 提高到 0.8 元/L；润滑油、溶剂油和石脑油三者的消费税单位税额由原来的 0.2 元/L 提高到 1.0 元/L；燃料油和航空煤油的消费税单位税额则由原来的 0.1 元/L 提高到 0.8 元/L。

2009 年 1 月正式开始费改税后，中国政府又数次提高了成品油消费税的单位税额。

2014 年 11 月 28 日，财政部和国家税务总局联合下发《关于提高成品油消费税的通知》，宣布从 2014 年 11 月 29 日起，提高成品油消费税。将汽油、石脑油、溶剂油和润滑油的消费税单位税额在现行单位税额的基础上提高 0.12 元/L；将柴油、航空煤油和燃料油的消费税单位税额在现行单位税额基础上提高 0.14 元/L；航空煤油继续暂缓征收。这是 2009 年开始税费改革后，中国政府首次提高成品油消费税税率，此次调整后，中国汽油、石脑油、溶剂油和润滑油的消费税单位税额将从原来的 1.00 元/L 提高到 1.12 元/L，柴油、航空煤油和燃料油的消费税单位税额则从原来的 0.80 元/L 上升至 0.94 元/L。

2014 年 12 月 12 日，距离上次调整不过半个月后，财政部和国家税务总局又再次联合下发《关于进一步提高成品油消费税的通知》，声明出于促进环境治理和节能减排的目的，宣布从 2014 年 12 月 13 日起再次上调成品油消费税税率。调整后，将汽油、石脑油、溶剂油和润滑油的消费税单位税额由原来的 1.12 元/L 提高到 1.40 元/L；将柴油、航空煤油和燃料油的消费税单位税额由原来的 0.94 元/L 提高到 1.10 元/L；航空煤油继续暂缓征收。此次汽油、石脑油、溶剂油和润滑油的调整幅度为每升上调 0.28 元，柴油、航空煤油和燃料油的调整幅度则为每升上调 0.16 元。

一个月后，也就是 2015 年 1 月 12 日，财政部和国家税务总局再次联合出台《关于继续提高成品油消费税的通知》，宣布汽油、石脑油、溶剂油和润滑油的消费税单位税额将在原来的基础上提高 0.12 元/L，柴油、航空煤油和燃料油的消费税单位税额将在原来的基础上提高 0.10 元/L。调整后，将汽油、石脑油、溶剂油和润滑油的消费税单位税额由原来的 1.40 元/L 提高到 1.52 元/L；将柴油、航空煤油和燃料油的消费税单位税额由原来的 1.10 元/L 提高到 1.2 元/L；航空煤油继续暂缓征收。

财政部税政司及国家税务总局的相关负责人在回答记者关于成品油消费

税两个月内连续 3 次上调的问题时指出，成品油消费税的连续上调主要是出于环境保护和资源节约两个方面的考虑。适度提高成品油消费税税额可以合理引导消费、促进资源节约、推动能源生产和消费方面的相关改革、降低环境污染。而消费税提高后形成的新增收入也将用于支持环境治理、节能环保产业发展、新能源汽车推广等相关方面。相关负责人还指出，这 3 次的提税都选在油价下行时，目的就在于缓解提税对社会和经济带来的负面影响。

2）税费改革评价

2008 年年底的税费改革的实质是燃油税改革，即将当时征收的养路费、运输管理费等费用合并成燃油税，而燃油税的实质就是成品油消费税。

本次的成品油税费改革其实是中国政府策划了很久之后才实施的。1997年，中国共产党第十五次全国代表大会就曾提出用燃油附加费来替代养路费。2000 年，国家发展和改革委员会、财政部等部门在国务院的批准下制定了《交通和车辆税费改革实施方案》，针对当时存在的收费过多过乱、收费稽征机构重叠设置、征收成本不断加大、收费负担不公平、资金管理不规范等问题，提出进行交通和车辆税费改革。税费改革将借鉴国际经验，"以税收为主筹集交通基础设施维护和建设资金"，主要内容的前两点就是取消不合法、不合理的收费项目及将具有税收特征的收费实行费改税。但是因为当时国际原油价格持续升高，考虑到国内成品油市场的稳定，对应的改革方案在很长时间内一直无法出台。2008 年下半年，国际原油价格的大幅回落为中国成品油的税费改革提供了良好的机遇，也催生了 2008 年年底的税费改革方案。

税费改革的出台得到了极大的拥护和肯定，获得了专家和学者的普遍认可。

首先，税费改革规范了政府的收费行为，建立了相对科学的交通建设和管理资金筹资机制，有利于中国交通行业的可持续发展。改革前，中国的交通建设和管理资金的筹措主要依赖于银行贷款、收费和罚款等方式，不能良好地体现交通建设的公益性，也给地方政府带来了债务压力。税费改革后，以税收的形式筹措建设和管理资金，在稳定资金来源的同时，也更能体现交通建设管理的公益性。同时，税费改革在很大程度上解决了当时存在的乱收费、重复收费、越权收费、收费养人、养人收费等乱象，改善了交通行业的发展环境，有利于交通行业的可持续发展。

其次，税费改革可以有效解决当时存在的不公平问题。以养路费为例，改革前，养路费向所有拥有车辆的单位和个人按月征收，征收实行按车辆吨位区间计费的方法。只要从车辆登记处过，不管是否使用，都必须缴纳养路费。这显然违背了"多用多收、少用少收"的公平原理。税费改革后，利用燃油税的方式将养路费同耗油量捆绑，行驶里程越长、载货量越多，耗油量自然越多，征收的燃油税也相应增加，相较之前"一视同仁"的做法，显然更能体现公平原则。

再次，税费改革有利于促进社会的环境保护和资源节约。税费改革前，养路费、航道养护费等与所用油量并无直接关联，忽略了油品和车辆船只等交通工具使用的外部成本。税费改革后，通过油品价格的提高引入外部成本后，可以促进社会的环境保护和资源节约意识。对于私家车，一方面，税费改革可以引导现有车主减少出行次数；另一方面，社会大众购置车辆时，在满足需求的条件下，消费者将明显偏好省油小车型。对于物流行业，税费改革将推动行业向大吨位载货车辆的发展。税费改革前，虽然重型车在相同载货量下的排放只有小吨位车型的 1/8，但中国的公路运输仍以小吨位车型为主。税费改革后，运输行业车辆向百公里油耗更低的中型、重型载货车转变，这除了可以帮助行业实现投入节约外，还可以显著降低行业的污染排放。

最后，税费改革也将在很大程度上推动新能源和新技术的应用，推动汽车产业的结构升级。

1.1.2　中国成品油定价机制的改进与效率评价

考虑到 2009 年 5 月之后，中国成品油价格从原来围绕政府制定标准价格上下浮动 8%改为不超过最高零售价格和最高批发价格的自主定价，企业的定价权得到了极大的提高。该举措是中国成品油市场化定价进程中一个里程碑式的改革。因此，将针对 2009 年 5 月的这场成品油定价机制改革展开讨论。

1. 定价机制改革前后成品油价格的调整频率和幅度

如图 1-1 所示，是 2005 年 1 月～2015 年 12 月中国汽油价格的调整情况。这十年间，中国汽油价格一共调整了 83 次(38 升 45 降)，其中有 11 次(7 升 4 降)发生在成品油定价机制改革实施之前(即 2009 年 5 月 8 日前)，剩余的 72 次(31 升 41 降)则发生在成品油定价机制改革实施之后。从月平均调整次数来看，2009 年 5 月之前，成品油价格的月平均调整次数约为 0.21 次，2009 年 5 月之后成品油价格的月平均调整次数为 1.09 次。

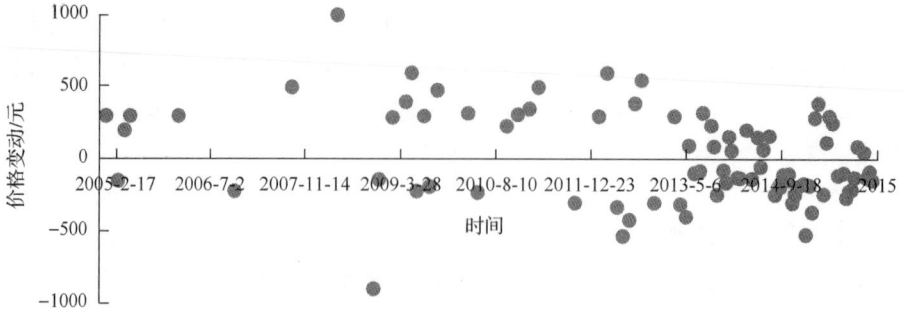

图 1-1　2005～2015 年中国汽油价格调整情况

资料来源：国家发展和改革委员会，http://www.ndrc.gov.cn/，笔者整理制图

　　图 1-2 是 2005～2015 年中国柴油价格的调整情况。这十年间，中国柴油价格一共调整了 81 次(38 升 43 降)，其中有 9 次(7 升 2 降)发生在成品油定价机制改革实施之前(即 2009 年 5 月 8 日前)，剩余的 72 次(31 升 41 降)则发生在成品油定价机制改革实施之后。从月平均调整次数来看，2009 年 5 月之前，成品油的月平均调整次数约为 0.17 次，2009 年 5 月之后，成品油的月平均调整次数为 1.09 次。

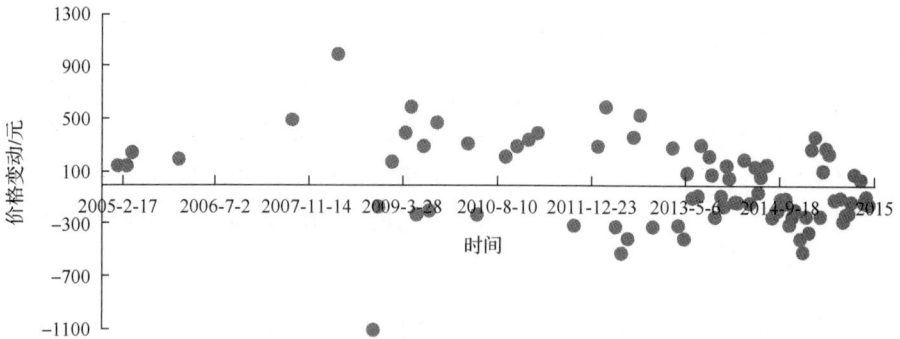

图 1-2　2005～2015 年中国柴油价格调整情况

资料来源：国家发展和改革委员会，http://www.ndrc.gov.cn/，笔者整理制图

　　更准确地说，中国成品油调价频率的大幅提高更多的是发生在 2013 年 3 月中国政府对成品油价格调整时间的重新修订之后。2013 年 3 月，中国成品油价格调整周期由原来的连续 22 个工作日移动平均价格变化超过 4%时调整改为每 10 个工作日，不仅缩小了调整的时间间隔，也取消了 4%的条件限制。因此，成品油价格的调整频率大大提高。汽油方面：2009 年 5 月～2013 年 3 月，汽油价格一共调整了 23 次，月平均调整 0.5 次；2013 年 4 月～2016 年 1

月，汽油价格一共调整了 49 次，月平均调整 1.45 次。柴油方面：2009 年 5
月~2013 年 3 月，柴油价格一共调整了 23 次，月平均调整 0.5 次；2013 年 4
月~2016 年 1 月，柴油价格一共调整了 49 次，月平均调整 1.45 次。

就 2005~2009 年 5 月和 2009 年 5 月~2013 年 3 月汽油和柴油价格月平
均调整次数的翻倍增长来看，2009 年 5 月的成品油定价机制改革还是提高了
中国成品油价格对国际原油价格变动的反应速度，在一定程度上改善了中国
成品油的定价效率。

出于对国内宏观经济环境和产业发展保护等方面的考虑，中国政府在历
次成品油定价机制改革和调整中都保留了对成品油价格调整的最终决定权，
同时也对成品油价格调整设置了相应的调整区间。不同区间内价格调整的方
式不同，最终的结果就是中国成品油价格不论是在价格调整频率上还是在价
格调整幅度上都与理论值存在一定差距。

对 2005~2015 年中国历次成品油价格调整幅度进行对应的数据分析。分
析选取了调价幅度这个指标，调价幅度指的是价格调整前后差值同价格调整
前数值的比值。

调价幅度和传导率的数学表达式如下：

$$\theta_t = (P_{t+n} - P_t)/P_t \tag{1-1}$$

式中，θ_t 为相应油种的调价幅度；P_t 为相应油种 t 期的价格（对于中国成品油
而言就是新一轮价格调整前的价格，对于国际原油而言就是中国成品油上一
轮价格调整时刻的市场价）；P_{t+n} 为 $(t+n)$ 期相应油种的价格（对于中国成品油
而言就是新一轮价格调整后的价格，对于国际原油而言就是中国成品油新一
轮价格调整时刻的市场价）。

表 1-4 给出了各个油种历次调价幅度的统计特征值。可以看到，2005~
2015 年，中国成品油的价格调整幅度均值为 0.04，远小于国际原油的调整幅
度均值 0.09；国内汽油价格上涨的最大幅度为 0.18，国内柴油价格上涨的最
大幅度为 0.20，也远远小于国际原油价格上涨的最大幅度 0.76；国内汽油价
格下跌的最大幅度为 0.14，国内柴油价格下跌的最大幅度为 0.18，远远小于
国际原油价格下跌的最大幅度 0.69；波动率方面，国内汽油和柴油的调价波
动率为 0.05，同样远远小于国际原油价格的调价波动率 0.16。综合上述统计
特征值比较可以发现，中国成品油定价机制熨平了国内成品油价格的波峰和
波谷，降低了成品油价格的波动。

表 1-4　2005~2015 年中国成品油及国际原油调价幅度的统计特征值

值	国际原油	国内汽油	国内柴油
均值	0.09	0.04	0.04
最大值	0.76	0.18	0.20
最小值	−0.69	−0.14	−0.18
中值	−0.01	−0.01	−0.01
波动率(标准差)	0.16	0.05	0.05

　　而将区间根据 2009 年 5 月这个时间节点分为成品油定价机制改革前和成品油定价机制改革后,再对不同区间中各个油种的调价幅度统计特征值(表 1-5)进行计算后可以发现:

表 1-5　2009 年定价机制改革前后中国成品油及国际原油调价幅度统计特征

值	2009年5月之前			2009年5月之后		
	国际原油	国内汽油	国内柴油	国际原油	国内汽油	国内柴油
均值	0.25	0.07	0.06	0.06	0.03	0.04
最大值	0.76	0.18	0.20	0.28	0.10	0.11
最小值	−0.69	−0.14	−0.18	−0.20	−0.08	−0.08
中值	0.10	0.05	0.04	−0.01	−0.01	−0.01
波动率(标准差)	0.35	0.09	0.10	0.09	0.04	0.04

　　定价机制改革前,国内汽油价格和柴油价格的调价幅度均值分别只有国际原油调价幅度均值的 28%和 24%;国内汽油价格和柴油价格上涨的最大幅度分别只有国际原油价格的 23.68%和 26.32%;国内汽油价格和柴油价格下跌的最大幅度分别只有国际原油价格的 20.29%和 26.09%;国内汽油价格和柴油价格的调价幅度波动分别只有国际原油价格波动的 25.71%和 28.57%。

　　定价机制改革后,国内汽油价格和柴油价格的调价幅度均值分别提升到国际原油的 50%和 66.67%;国内汽油价格和柴油价格上涨的最大幅度分别提升到国际原油价格的 35.71%和 39.29%;国内汽油价格和柴油价格下跌的最大幅度均只有国际原油价格的 40%;国内汽油价格和柴油价格的调价幅度波动均提升到国际原油价格的 44.44%。

　　表 1-5 表明,2009 年 5 月的成品油定价机制改革整体上提高了中国成

品油市场同国际原油市场的联动。国内成品油价格变动对国际原油价格变动的体现程度得到了明显的加强。当然，国内成品油价格变动的剧烈程度也相应得到了放大。2009 年 5 月之前，国际原油价格变动的标准差为 0.35，国内汽油和柴油价格变动的标准差则分别为 0.09 和 0.10，分别约为国际原油价格变动的标准差的 25.71% 和 28.57%。2009 年 5 月之后，国际原油价格变动的标准差为 0.09，国内汽油价格和柴油价格变动的标准差则均为 0.04，均约为国际原油价格变动的标准差的 44.44%，说明国内汽油价格和柴油价格对国际原油价格波动的反应程度提高了。

中国成品油价格的调整频率和幅度分析结果表明，2009 年 5 月的成品油定价机制改革在很大程度上改善了中国成品油价格同国际原油价格之间的联动关系，促进了中国成品油价格同国际原油价格的接轨。但中国成品油定价同国际原油价格相比仍旧存在着一定的时滞。

究其原因，主要是中国政府对中国成品油市场的干预和成品油定价机制中依旧存在缺陷。调价频率方面，2009 年出台的《石油价格管理办法(试行)》中规定当国际市场原油连续 22 个工作日移动平均价格变化超过 4% 时，可相应调整中国成品油价格。但这只是调价的充分非必要条件。2013 年 3 月，国家发展和改革委员会发布的《国家发展改革委关于提高成品油价格的通知》，针对成品油价格调整时间的改革，虽然取消了 4% 的限定，但同时也指出："当国内价格总水平出现显著上涨或发生重大突发事件，以及国际市场油价短时内出现剧烈波动等特殊情形需对成品油价格进行调控时，依法采取临时调控措施，由国家发展和改革委员会报国务院批准后，可以暂停、延迟调价，或缩小调价幅度"，即中国政府依旧保留了调价的决定权。调价幅度方面，《石油价格管理办法(试行)》出台时明确指定了一个调价区间：若国际原油价格高出 80 美元/桶，将扣减加工利润率，直至按加工零利润计算成品油价格；若国际原油价格高出 130 美元/桶，原则上将不提或少提汽油、柴油价格。定价透明方面，《石油价格管理办法(试行)》并没有明确指出中国成品油价格和国际原油价格之间的联动不利，2013 年后挂靠油种也不透明，这些都直接给了政府较大的操作空间。

2. 实证分析：中国成品油价格与国际油价联动

2006 年之后、2009 年之前，中国成品油价格依旧执行的是围绕政府制定的零售基准价格上下浮动 8% 的市场定价法，且只有当布伦特、迪拜和米纳斯三地国际原油价格月加权平均价格变动超过一定幅度时，才能相应调整中国成品油价格。中国成品油厂商及零售商的定价权有限，因此，在 2009 年启动的新一轮成品油定价机制改革之前，中国成品油价格同国际原油价格之间的联动非常有限。

2009 年启动的中国成品油定价机制的新一轮改革取消了之前的基准价格定价法，改为最高价格定价法，即由中国政府根据国际原油价格表现制定一个最高零售价格和最高批发价格，成品油零售商和批发商可以在不高于最高零售价格和最高批发价格的情况下自行确定具体的零售价格和批发价格。此外，成品油指导价格(即最高零售价格和最高批发价格)的调整条件也从原来的国际原油价格波动超过一定范围改为连续 22 个工作日移动平均价格变化超过 4%。这个改变被视作中国成品油价格改革中的一次重大进步，中国成品油价格同国际原油价格之间的联动也因此得以加强。2009 年开始，中国成品油价格长期滞后的现象得到了很大的改善，中国成品油价格的波动趋势与国际原油价格的变动趋势开始基本一致。

1) 中国成品油价格与国际原油价格的变动趋势分析

图 1-3 和图 1-4 分别给出了 2005 年 2 月～2015 年 8 月中国汽油价格、柴油价格同国际原油价格之间的涨跌幅对比情况。此处用(本期价格–上期价格)/上期价格来代表不同油种在对应时间的涨跌幅。

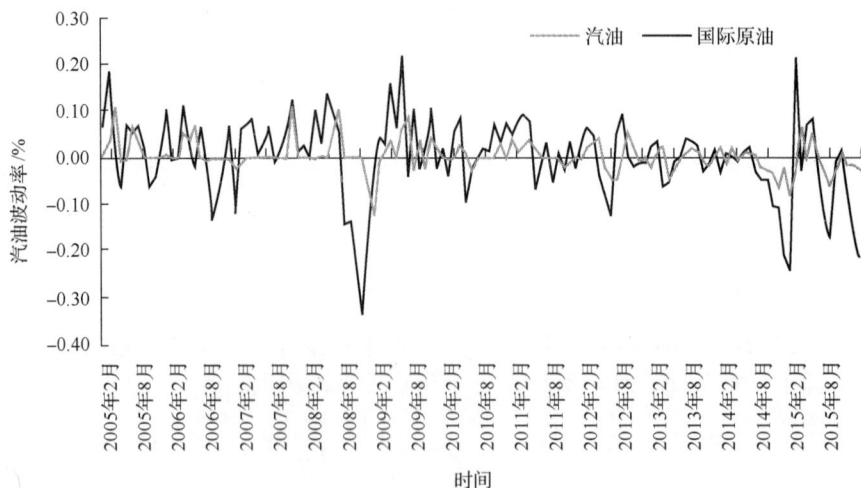

图 1-3　2005 年 2 月～2015 年 8 月中国汽油价格和国际原油价格涨跌幅对比

资料来源：中国经济数据库及万得数据库，笔者整理制图

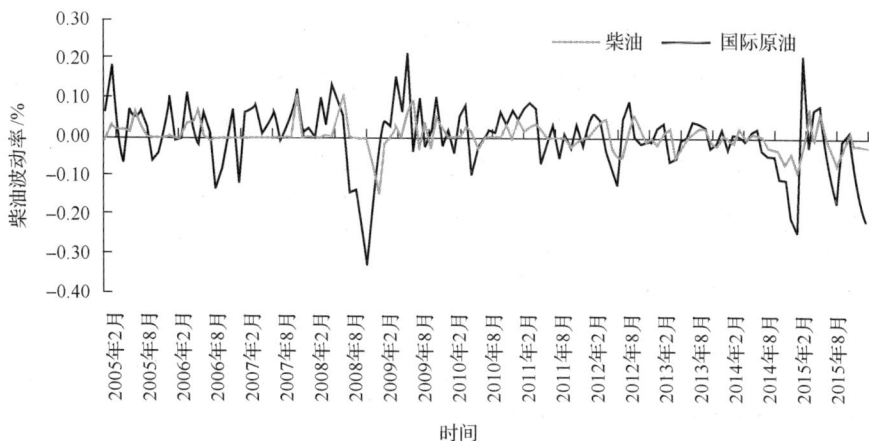

图 1-4　2005 年 2 月～2015 年 8 月中国柴油价格与国际原油价格涨跌幅对比

资料来源：中国经济数据库及万得数据库，笔者整理制图

　　首先，从涨跌幅的数值可以明显看到，不管是中国汽油价格还是柴油价格，涨跌的绝对数值都要明显小于同期的国际原油价格。2009 年 5 月之前，中国汽油价格和柴油价格的涨跌幅度经常为零，且以零值的状态持续了相当长的一段时间。中国汽油最长在同一个价格水平上保持了 3 个月的时间(2005 年 9～11 月)，柴油最长则在同一个价格水平上保持了 4 个月的时间(2005 年 9～12 月)。

　　其次，从价格涨跌的时间点来看，中国汽油价格和柴油价格对全球油品市场供需变动消息的反馈都要远远滞后于国际原油价格。以 2007 年年初～2008 年年底国际原油价格剧烈波动时期为例，2007 年 2 月，国际原油价格开始攀升，但同期中国汽油价格和柴油价格却分别处于下跌了 0.17%和维持不变的状态。直到 2007 年 10 月，中国汽油价格和柴油价格相对于 2007 年 2 月才开始有了略微显著的提升(分别提升了 0.61%和 0.33%)，而此时国际原油价格已经相对于 2007 年 2 月上涨了 37.67%。中国成品油对市场信息的反应速度足足落后了国际原油 8 个月。

　　2009 年 5 月的成品油定价机制改革之后，中国汽油和柴油同国际原油之间在价格变动的走势上和时间同步上都得到了很大的改善。中国汽油价格和柴油价格已经很少出现长时间保持不变的状况。但中国汽油价格和柴油价格在面对市场消息冲击时，反应速度和反应程度依旧要低于国际原油。在图 1-3 和图 1-4 中的反映就是涨跌幅的绝对值大小依然要小于国际原油价格，国际原油价格的涨跌依旧要领先于中国汽油价格和柴油价格。

2) 中国成品油价格同国际原油价格联动的实证分析

上一小节中，对国际原油价格和中国成品油市场中成品油价格之间的走势关系和二者之间的联动关系做了一个初步判断，2008 年的成品油定价机制改革在很大程度上提升了二者之间的联动程度，但中国成品油价格在调整频率和调整幅度上仍旧同国际原油价格之间存在着一定的差距。接下来，利用 2005 年 1 月～2016 年 1 月中国成品油中汽油和柴油的平均价格和国际市场上布伦特原油、迪拜原油和辛塔原油的平均价格对上述论点进行实证检验。

根据改革的时间路线，将实证区间分成了两段。2008 年，《国务院关于实施成品价格和税费改革的通知》发布，启动新一轮定价机制改革后，中国政府于 2009 年 5 月正式出台《石油价格管理办法(试行)》，宣布从办法发布之日起试行新的定价机制。因此，我们的第一段实证区间为 2005 年 1 月～2009 年 5 月，第二段实证区间为 2009 年 6 月～2016 年 1 月。

本节涉及的数据包括中国汽油价格、中国柴油价格和国际市场原油价格 3 种。中国汽油价格方面选用的是中国经济数据库中 93 号汽油的市场均价；中国柴油价格方面选用的是中国经济数据库中 0 号柴油的市场均价；国际市场原油价格方面，因为现行成品油定价机制中的挂靠油种为布伦特原油、迪拜原油和辛塔原油，所以用三者的加权均值近似国际原油价格。又因为定价机制中没有明确公布三者权重，所以对三者赋予了相同的权重，均为 1/3，数据来源为万得数据库。此外，上述数据均是月度数据，且在实证分析中对其进行了对数化处理。

(1) 向量自回归(vector autoregression, VAR)模型。向量自回归模型是经济系统动态性方面研究中经常用到的研究工具。它将经济系统中的每一个内生变量视作系统内所有内生变量的滞后项的函数，从而对经济系统中的冲击所带来的影响进行分析和预测。

以两变量经济系统为例，其 p 阶向量自回归模型 $\mathrm{VAR}(P)$ 的一般形式可以表示为

$$
\begin{aligned}
y_{1t} &= \beta_{10} + \beta_{11}y_{1t-1} + \cdots + \beta_{1p}y_{1t-p} + \gamma_{10} + \gamma_{11}y_{2t-1} + \cdots + \gamma_{1p}y_{2t-p} + \varepsilon_{1t} \\
y_{2t} &= \beta_{20} + \beta_{21}y_{1t-1} + \cdots + \beta_{2p}y_{1t-p} + \gamma_{20} + \gamma_{21}y_{2t-1} + \cdots + \gamma_{2p}y_{2t-p} + \varepsilon_{2t}
\end{aligned} \tag{1-2}
$$

式中，$\{\varepsilon_{1t}\}$、$\{\varepsilon_{2t}\}$ 为白噪声过程，$\{\varepsilon_{1t}\}$、$\{\varepsilon_{2t}\}$ 之间允许相关。

(2) 向量误差修正模型(vector error correct model, VECM)。向量误差修正

模型是向量自回归模型的扩展。对于非平稳时间序列来说，如果一阶差分后平稳的话，常见的做法就是对差分项进行建模分析。但这种处理可能会带来两个问题：第一，如果变量间存在长期均衡关系的话，差分后误差项可能存在序列相关；第二，差分后模型主要刻画的是变量间短期内的关系，因此，分析可能错过水平值中隐含的重要的长期信息。为了解决上述问题，向量误差修正模型相应产生。

向量误差修正模型是建立在协整基础上的向量自回归模型。Engle 和 Granger[4]对协整进行了如下定义。

如果：①向量 $x_t = (x_{1t}, x_{2t}, \cdots, x_{nt})'$ 的所有序列都是 d 阶单整；②存在一个向量 $\beta = (\beta_1, \beta_2, \cdots, \beta_n)$，使得线性组合 $\beta x_t = \beta_1 x_{1t} + \beta_2 x_{2t} + \cdots + \beta_n x_{nt}$ 是 $(d-b)$ 阶单整，其中，$b > 0$。则向量 $x_t = (x_{1t}, x_{2t}, \cdots, x_{nt})'$ 是 d、b 阶协整，记为 $x_t \sim \text{CI}(d, b)$，向量 β 称为协整变量。

从 Engle 和 Granger 对协整的定义可以看出，非平稳变量间协整关系存在的前提是各个变量之间必须具有相同的单整阶数。当一组不平稳变量序列之间存在唯一的协整关系时，则该关系可以用来表示变量间的长期均衡关系。

当非平稳变量之间不存在长期均衡关系时，可以对变量进行差分后，在给定的方程形式下直接通过向量自回归模型对变量间的短期动态变化进行估计分析。而当非平稳变量之间存在长期均衡关系时，则需将相应的误差修正项引入向量自回归模型，即当非平稳变量之间存在协整关系时，需要在向量自回归模型系统中每个方程的右侧引入反映变量之间长期关系的误差修正项。并且，变量之间每增加一个协整关系，就要在向量自回归模型系统的右侧增加一个相应的误差修正项。

仍以两个变量的 p 阶向量自回归模型为例。若变量 y_{1t} 与 y_{2t} 是一阶单整的，且存在一个均衡关系：$y_{2t} = a y_{1t}$，则向量误差修正模型为

$$
\begin{aligned}
\Delta y_{1t} &= \beta_{10} + \beta_{11} \Delta y_{1t-1} + \cdots + \beta_{1p} \Delta y_{1t-p} + \gamma_{10} + \gamma_{11} \Delta y_{2t-1} + \cdots + \gamma_{1p} \Delta y_{2t-p} \\
&\quad + \rho_1 (y_{2t} - \alpha y_{1t}) + \varepsilon_{1t} \\
\Delta y_{2t} &= \beta_{20} + \beta_{21} \Delta y_{1t-1} + \cdots + \beta_{2p} \Delta y_{1t-p} + \gamma_{20} + \gamma_{21} \Delta y_{2t-1} + \cdots + \gamma_{2p} \Delta y_{2t-p} \\
&\quad + \rho_2 (y_{2t} - \alpha y_{1t}) + \varepsilon_{2t}
\end{aligned}
\tag{1-3}
$$

式中，$(y_{2t} - \alpha y_{1t})$ 为引入的误差修正项；$\{\varepsilon_{1t}\}$、$\{\varepsilon_{2t}\}$ 为白噪声过程，$\{\varepsilon_{1t}\}$、$\{\varepsilon_{2t}\}$ 之间允许相关。

综合向量自回归模型和误差修正模型各自的设定和假设可以看出，在对经济系统中的变量间短期内的动态变化分析进行模型选择时，需要先对水平变量间是否存在长期均衡关系进行判断。如果存在长期均衡关系，则选用误差修正模型；如果不存在长期均衡关系，则选用向量自回归模型。

（3）中国成品油价格和国际原油价格联动模型。根据前面的论述，为了分析成品油定价机制改革对国际原油价格与中国成品油价格之间联动关系的影响，本节根据是否存在长期均衡关系分别准备了误差修正模型和向量自回归模型。

当中国成品油价格和国际原油价格之间存在长期均衡关系时，利用误差修正模型对中国成品油价格与国际原油价格的联动关系进行刻画。模型具体形式如下：

$$\Delta \mathrm{Doil}_t = \alpha + \mathrm{ecm}_t + \sum_{i=1}^{p} \beta_i \Delta \mathrm{Doil}_{t-i} + \sum_{i=1}^{p} \gamma_i \Delta \mathrm{Ioil}_{t-i} + \varepsilon_t \qquad (1\text{-}4)$$

式中，$\Delta \mathrm{Doil}_t$ 为 t 期中国成品油价格变动；$\Delta \mathrm{Ioil}_{t-i}$ 为 t 期国际原油价格变动；ecm_t 为 t 期的误差修正项；p 为滞后阶数，根据施瓦兹准则（SC 准则）进行判断和选择；ε_t 为白噪声过程。

当中国成品油价格和国际原油价格之间不存在长期均衡关系时，利用向量自回归模型对中国成品油价格与国际原油价格的联动关系进行刻画。模型具体形式如下：

$$\Delta \mathrm{Doil}_t = \alpha + \sum_{i=1}^{p} \beta_i \Delta \mathrm{Doil}_{t-i} + \sum_{i=1}^{p} \gamma_i \Delta \mathrm{Ioil}_{t-i} + \varepsilon_t \qquad (1\text{-}5)$$

式中，$\Delta \mathrm{Doil}_t$ 为 t 期中国成品油价格变动；$\Delta \mathrm{Ioil}_{t-i}$ 为 t 期国际原油价格变动；ε_t 为白噪声；α、β、γ 为对应参数的回归参数；p 为滞后阶数，根据 SC 准则进行判断和选择。

最后，我们根据定价机制前后国际原油价格和中国成品油价格短期变动之间的传导变动，对 2009 年 5 月的成品油定价机制改革的影响进行分析和说明。

（4）变量平稳性检验。根据计量建模的步骤，需要先对各个变量的平稳性进行检验。表 1-6 给出了不同实证区间内各个变量 Phillips-Perron 单位根检验结果。结果显示各个实证区间内，各个价格变量都是一阶单整，符合检验和构建协整关系的条件。

表 1-6　不同实证区间内各个变量 Phillips-Perron 单位根检验结果

不同实证区间变量		$Doil_g$	$Doil_d$	$Ioil$
第一实证区间	水平统计量	−2.4567	−2.1239	−2.2244
	一阶差分统计量	−5.1467***	−4.5899***	−3.6790***
第二实证区间	水平统计量	−1.3661	−0.9667	1.1761
	一阶差分统计量	−7.6638***	−7.2142***	−5.7005***

注：(1) $Doil_g$ 表示中国汽油价格，$Doil_d$ 表示中国柴油价格；

　　(2) 趋势假设：检验方程仅包含截距项；

　　***表示 1%的显著性水平下拒绝原假设

(5) 变量协整关系检验。变量满足同阶单整条件后，接下来需要对不同区间内中国成品油价格和国际原油价格之间是否存在协整关系进行检验。协整关系检验采用的是 Johanson 秩检验法。秩检验结果将直接告诉我们不同实证区间内中国成品油价格和国际原油价格之间是否存在协整关系及存在几个协整关系。

表 1-7 给出了 Johanson 秩检验中特征根迹检验和最大特征值检验法下不同区间内中国成品油价格和国际原油价格之间是否存在协整关系的结果。综合两种检验结果，可以得到：在 2009 年 5 月的成品油定价机制改革前，中国汽油价格和国际原油价格之间不存在长期协整关系，2009 年 5 月成品油定价机制改革后，中国汽油价格和国际原油价格之间开始建立长期协整关系；在 2009 年 5 月的成品油定价机制改革前后，中国柴油价格和国际原油价格之间都存在长期协整关系。显然，2009 年 5 月的成品油定价机制的改革，加强了中国成品油价格同国际原油价格之间的长期价格联动关系。

表 1-7　Johanson 秩检验结果

原假设		特征根迹检验		最大特征值检验		接受协整关系个数
		不存在协整关系	至多一个协整关系	不存在协整关系	至多一个协整关系	
第一实证区间	汽油和国际原油	接受	接受	接受	接受	0
	柴油和国际原油	拒绝	接受	拒绝	接受	1
第二实证区间	汽油和国际原油	拒绝	接受	拒绝	接受	1
	柴油和国际原油	拒绝	接受	接受	接受	1

注：在 5%的显著性水平下拒绝或接受原假设

(6)变量格兰杰因果检验分析。虽然变量协整关系检验结果显示定价机制改革后中国成品油价格与国际原油价格之间存在长期均衡关系(表1-9),但这并不能直接说明国际原油价格变动和国内成品油价格变动之间互为因果。为了客观判断国际原油价格和中国成品油价格之间的因果关系,将样本分为2009年5月的成品油定价机制改革之前和之后两种,并对二者之间的因果关系进行了格兰杰因果检验。

表1-8给出了格兰杰因果检验的F统计量数值及其显著性。可以看到,在不同阶段,检验都拒绝了国际原油价格不是中国成品油(包括汽油和柴油)价格变动的格兰杰原因的原假设,即国际原油价格变动是中国原油价格变动的原因。但就中国成品油价格对国际原油价格变动的格兰杰影响来看,成品油定价机制改革前,中国汽油价格变动在10%的显著性水平时是可以引起国际原油价格变动的,但成品油定价机制改革后,这个影响消失。而中国柴油则是不论定价机制改革之前还是之后,都不存在对国际原油价格变动的格兰杰影响。

表1-8 不同阶段中国成品油价格与国际原油价格之间的格兰杰因果检验

原假设	2009年5月的成品油定价机制改革之前		2009年5月的成品油定价机制改革之后	
	F统计量	结论	F统计量	结论
中国汽油价格变动不是国际原油价格变动的格兰杰原因	2.8161*	拒绝	1.3445	接受
国际原油价格变动不是中国汽油价格变动的格兰杰原因	8.5862***	拒绝	80.1279***	拒绝
中国柴油价格变动不是国际原油价格变动的格兰杰原因	1.1207	接受	0.3697	接受
国际原油价格变动不是中国柴油价格变动的格兰杰原因	10.9573***	拒绝	64.0492***	拒绝

*、***分别代表10%、1%的显著性水平

(7)中国成品油价格和国际原油价格联动建模。分别利用向量自回归模型和向量误差修正模型对存在协整关系的改革前的中国汽油价格和国际原油价格、改革前的中国柴油价格和国际原油价格、改革后的中国汽油价格和国际原油价格及改革后的中国柴油价格和国际原油价格这4组变量之间的短期变动关系进行刻画。

表1-9列出了中国成品油价格与国际原油价格之间的向量误差修正模型中长期协整关系部分的实证结果。结果表明,首先,2009年5月的成品油定价机制改革之后,中国汽油价格与国际原油价格之间存在着显著的正向协整关系,协整系数为0.3459;其次,2009年5月的成品油定价机制改革前后,中国柴油价格与国际原油价格之间均存在着显著的正向协整关系,但协整系数有所不同,2009年5月的成品油定价机制改革后,协整系数由原来的0.6135

下降至 0.3761。

表 1-9　中国成品油价格与国际原油价格之间的长期均衡关系

相关参数	2009 年 5 月的成品油定价机制改革之前		2009 年 5 月的成品油定价机制改革之后	
	中国汽油价格	中国柴油价格	中国汽油价格	中国柴油价格
国际原油价格	—	0.6135*** (−4.9374)	0.3459*** (11.0362)	0.3761*** (−14.1175)
常数项	—	6.0312	7.5871	7.2822

注：括号内表示统计 t 值；
***表示 1%的显著性水平

表 1-10 和表 1-11 分别给出了 2009 年 5 月的成品油定价机制改革前后中国柴油价格和中国汽油价格与国际原油价格之间的短期变动关系的建模结果。

表 1-10　国际原油价格和中国柴油价格之间的短期变动关系

联动参数	2009 年 5 月的成品油定价机制改革之前		2009 年 5 月的成品油定价机制改革之后	
	国际原油价格变动	中国柴油价格变动	国际原油价格变动	中国柴油价格变动
误差修正项	0.0893 (0.8458)	−0.1076*** (−3.1473)	−0.9051** (−2.4751)	−0.2295** (−2.5784)
柴油价格一阶滞后项	−0.3834 (−0.9762)	0.0795 (0.6254)	0.1571 (0.5182)	−0.1092 (−1.4795)
国际原油价格变动一阶滞后项	0.6816*** (4.9157)	0.0813* (1.8098)	0.0355 (0.1973)	0.2723*** (6.2208)
常数项	0.0045 (0.3642)	0.0066 (1.6621)	−0.0104 (−1.2458)	0.0003 (0.1258)

注：括号内表示统计 t 值；
*、**和***分别表示 10%、5%和 1%的显著性水平

表 1-11　国际原油价格和中国汽油价格之间的短期变动关系

联动参数	2009 年 5 月的成品油定价机制改革之前		2009 年 5 月的成品油定价机制改革之后	
	国际原油价格变动	中国汽油价格变动	国际原油价格变动	中国汽油价格变动
误差修正项	—	—	−0.8876*** (−3.3398)	−0.1122* (−1.8692)
汽油价格一阶滞后项	−0.8373** (−2.4433)	0.1280 (0.9945)	−0.0899 (−0.2970)	−0.1748** (−2.5581)
国际原油价格变动一阶滞后项	0.6668*** (5.6367)	0.1670*** (3.7462)	0.0235 (0.1465)	0.2892*** (7.9879)
常数项	0.0089 (0.7485)	0.0067 (1.5077)	−0.0106 (−1.3062)	−0.0011 (−0.6227)

注：括号内表示统计 t 值；
*、**和***分别表示 10%、5%和 1%的显著性水平

从表 1-10 可以看到：首先，不管是 2009 年 5 月的成品油定价机制改革前还是改革后，短期内中国柴油价格变动对国际原油价格变动的系数均不显著。说明在现有成品定价油机制下，中国柴油价格变动短期内并不会对国际原油价格变动造成显著影响，即以柴油作为代表，中国对国际原油市场价格的影响力存在缺失现象。其次，2009 年 5 月的成品油定价机制改革前后，国际原油价格变动均会在短期内对中国柴油价格变动产生显著的正向影响。成品油定价机制改革前，国际原油价格变动 1%，中国柴油价格将同向变动 0.0813%。成品油定价机制改革后，国际原油价格变动 1%，中国柴油价格同向变动 0.2723%。显然，2009 年 5 月的成品油定价机制改革加强了国际原油价格同中国柴油价格之间的联动关系。

表 1-11 的结果显示：2009 年 5 月的成品油定价机制改革前，中国汽油价格对国际原油价格短期变动的影响为负，且统计显著；而 2009 年 5 月成品油定价机制改革后，中国汽油价格对国际原油价格的短期影响消失。从这个结果分析：一方面，成品油定价机制的改革看似削弱了中国汽油对国际原油价格的影响；另一方面，成品油定价改革前后，短期内，国际原油价格都会对中国汽油价格的变动产生显著影响。成品油定价机制改革前，当国际原油价格变动 1% 时，中国汽油价格将同向变动 0.1670%；成品油定价机制改革后，当国际原油价格变动 1% 时，中国汽油价格将同向变动 0.2892%。

综合考虑中国汽油价格对国际原油价格短期变动反应程度的加强，以及成品油定价机制改革后中国汽油价格和国际原油价格之间开始建立长期均衡关系的结果，本书认为成品油定价机制改革促进了中国汽油价格和国际原油价格之间的联动，定价机制改革后中国汽油价格对国际原油价格的短期影响的消失不能排除是统计数据或是模型设定造成的错觉。现阶段，中国对国际原油市场价格的影响力依旧缺失。

1.1.3　中国成品油定价机制改革的影响

成品油是中国能源消费中不可缺少的一环，而能源又是经济生产中的三大投入变量(劳动、资本和能源)之一，因此，成品油价格的变动必然会对经济的运行和社会的稳定产生重要的影响。本节对成品油定价机制对中国通货膨胀变动的影响及 2009 年 5 月的成品油定价机制改革的影响进行计量分析。

1. 通货膨胀与成品油定价机制改革

通货膨胀一直是国家和人民关注的焦点之一，其对一国的经济和社会的影响是巨大的。作为社会商品中重要的组成部分，一国的成品油价格与其国内的通货膨胀水平之间存在着必然的联系。出于对经济发展和社会稳定的保护，一国政府在考虑成品油定价机制改革时必然会将改革和通货膨胀之间的关系考虑在内，而评判一国成品油定价机制改革的影响也必然涉及成品油定价机制改革对通货膨胀的影响。

中国政府于 2000 年就开始酝酿新一轮的成品油定价机制改革。但之所以迟迟未推进，除了国际煤油价格不断上涨的外部因素之外，国内物价环境也是主要原因之一。图 1-5 给出了 2005～2015 年中国的消费价格指数和生产价格指数的走势情况，可以看到：2006 年 7 月之前，中国的消费价格指数和生产价格指数基本维持在 101%左右，没有显著的上涨趋势，国内没有发生明显的通货膨胀；2006 年 7 月开始，中国的消费价格指数和生产价格指数开始持续上涨，且上涨的态势一直持续到了 2008 年 9 月；2007 年 7 月，消费价格指数更是同比上涨 9%，是 1995 年以来的历史最高涨幅；2008 年 9 月之后，消费价格指数持续上涨的态势被打破。消费价格指数开始维稳，而生产价格指数则开始大幅下滑。同时期，国际原油价格也开始大幅跳水。国内外环境的良好转变，让中国政府意识到并抓住了新一轮成品油定价机制改革的良好机会。

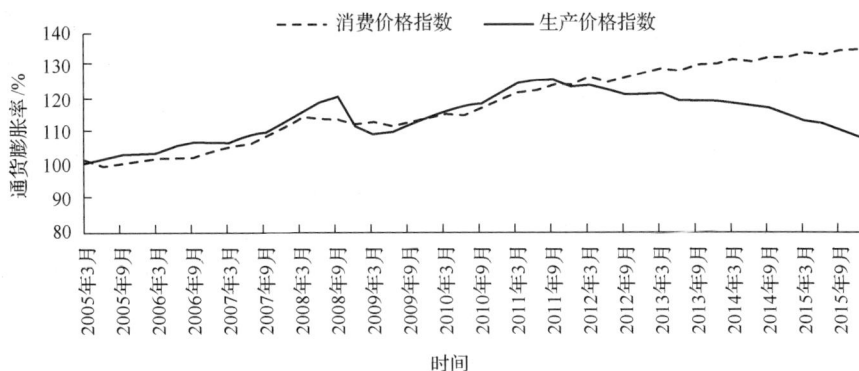

图 1-5　2005～2015 年中国通货膨胀率月度表现(2004 年 12 月=100)

数据来源：中国经济数据库

2009 年成品油价格机制改革到现在已经过去了 8 个年头有余。对其是否成功的判断标准除了它是否促进了中国成品油市场价格同国际油品市场价格的接轨外，还包括它是否对经济发展和社会稳定产生了不良的影响。如果现行的成品油定价机制改革不利于本国的经济发展和社会稳定，那么政府就有必要考虑改革的力度和进度问题。

2. 关于成品油定价机制改革的经济和社会影响的实证分析

成品油定价机制改革一方面降低了因为政府干预而被人为压低价格的可能和幅度，另一方面也加强了中国成品油价格同国际原油价格之间的联系。那么，成品油定价机制改革是否会放大国际原油价格冲击对国内的物价水平和变动的影响。为了对 2009 年 5 月的成品油定价机制改革的经济和社会影响进行实证分析，从通货膨胀的角度出发，选用生产价格指数和消费价格指数来近似等于中国国内经济生产成本和居民生活成本，并利用虚拟变量和菲利普斯曲线对定价机制改革前后国际原油价格对中国国内经济生产成本和居民生活成本的冲击的影响情况分别进行计量分析。

1) 模型设定

菲利普斯曲线最早是由新西兰学者 Phillps 于 1958 年提出的，用以体现货币工资变动率与失业率之间的关系。随着研究的发展，菲利普斯曲线已经成为通货膨胀相关研究中的经典模型。根据研究的侧重，菲利普斯曲线的表达形式可以进行相应的调整。在研究原油价格和通货膨胀之间的关系方面，选取菲利普斯曲线作为研究工具的学者不在少数。例如，Hooker[5]利用 1957～1999 年的数据，在扩展的菲利普斯曲线的帮助下，对原油价格变动对通货膨胀的影响机制进行了分析。Hooker 发现在 1980 年之前，原油价格冲击会通过核心通胀对通货膨胀产生影响，但在 1980 年之后，原油价格冲击对通货膨胀的影响只能通过直接价格来构成。又如，LeBlanc 和 Chinn[6]利用 1990 年 4月～2001 年 3 月的统计数据和扩展的菲利浦斯曲线，对美国、英国、法国、德国和日本这 5 个国家原油价格变动对通货膨胀的影响进行实证分析。实证结果表明，原油价格变动对通货膨胀存在着温和的影响。10%的原油价格上涨只会为上述 5 个国家的通货膨胀率带来 0.1～0.8 个百分点的上涨。

参考 Hooker[5]的分析，将菲利普斯曲线改写成如下形式：

$$d\pi_t = \alpha + \sum_{i=1}^{k}\beta_i d\pi_{t-i} + \gamma d(y_{t-1} - \bar{y}_{t-1})\sum_{i=1}^{k}\delta_i dP_{t-i} + \varepsilon_t \tag{1-6}$$

式中，π_{t-i} 为 $t-i$ 期的通货膨胀率；$d\pi_{t-i}$ 为 $t-i$ 期的通货膨变动；y_{t-1} 为 $t-1$ 期的产出水平；$\bar{y}_{t-1}$ 为 $t-1$ 期产出的 Hodrick-Prescott 滤波中的趋势部分；$y_{t-1} - \bar{y}_{t-1}$ 为 $t-1$ 期产出对趋势的偏离；P_{t-i} 为 $t-i$ 期油价水平；dP_{t-i} 为 $t-i$ 期原

油价格的变化。

为了分析定价机制改革对原油价格和通货膨胀之间作用形式的影响，在上述模型中引入虚拟变量 D。当 t 在 2009 年 5 月（含）之前时，$D_t=0$；当 t 在 2009 年 6 月（含）之后时，$D_t=1$。最终实证所用的向量自回归模型形式如下：

$$\mathrm{d}\pi_t = \alpha + \sum_{i=1}^{k} \beta_i \mathrm{d}\pi_{t-i} + \gamma \mathrm{d}(y_{t-1} - \bar{y}_{t-1}) + \sum_{i=1}^{k} \delta_i \mathrm{d}P_{t-i} + \sum_{i=1}^{k} \varphi_i D_{t-i} \cdot \mathrm{d}p_{t-i} + \varepsilon_t \quad (1-7)$$

2）数据说明

在通货膨胀部分，对通货膨胀率的测度指标选取，不同的学者有不同的看法。一般来说，有消费价格指数、商品零售价格指数、国内生产总值平减指数、工业品出厂价格指数及原材料、燃料和动力购进指数 5 个选择。考虑到中国政府主要使用消费价格指数和生产价格指数来度量本国生活和生产的通货膨胀水平，本节实证中的通货膨胀指标也选用的是消费价格指数。产出部分近似乎于国内生产总值。油价水平选用国际原油价格均值。

3）实证结果

对各个变量的平稳性进行了 Phillips-Perron 单位根检验，检验结果见表 1-12，各变量在 5%的显著性水平上均属于平稳序列。

表 1-12　变量 Phillips-Perron 单位根检验结果

值	dCPI_t	dPPI_t	$\mathrm{d}(y_t - \bar{y}_t)$	$\mathrm{d}P_t$
t 值	−5.7082***	−3.2734**	−22.9264***	−4.5974***

、*分别代表 5%、1%的显著性水平下拒绝原假设

满足平稳条件后，利用虚拟变量和向量自回归模型对定价机制改革给国际原油市场及国内居民生活成本和经济生产成本带来的冲击和影响进行了计量建模。

（1）居民生活成本方面。表 1-13 的回归结果显示：首先，通货膨胀的黏性特征是导致短期居民生活成本上升的主要原因。其次，产出对趋势偏离的增大虽然会提高国内的消费价格指数，但是幅度十分有限。偏离提高 1%，消费价格指数的增长只有 0.0008%。最后，国际原油市场的冲击则对中国国内的居民生活成本的变动不构成任何显著影响，这个结果是符合中国现实的。

表 1-13　向量自回归模型回归结果

回归参数	dCPI$_t$
c	0.3444* (2.0095)
dCPI$_{t-1}$	0.5945*** (4.1984)
d$(y_{t-1} - \bar{y}_{t-1})$	0.0008*** (6.1645)
dP_{t-1}	−0.0101 (−0.7973)
D$_{t-1} \cdot$ dP_{t-1}	0.0078 (0.3850)

注：c 为标准回归参数补充；

*、***分别代表 10%、1%的显著性水平下拒绝原假设

　　中国的消费价格指数是通过对八大类商品及服务中的商品和服务赋予一定的权重计算得到的，其中涉及能源商品的只有居住这个子类，而居住则包括住房、水电燃料和其他。国家统计局的统计数据显示：2012 年，城镇居民人均消费支出为 16674.3 元人民币，其中人均居住支出为 1484.3 元人民币，居住的消费支出占比约为 8.90%，可以推断燃料在消费价格指数中的占比必然远小于 8.9%。加之中国政府的有意保护，使得国际原油市场对国内居民生产成本的影响能力十分有限。另外，虚拟变量和国际原油价格变动的交乘项系数的不显著则说明，2009 年中国成品油定价机制改革并没有对原本的国际原油价格变动和国内居民生活成本变动之间的关系产生任何显著影响，即 2009 年 5 月的成品油定价机制改革并没有对国内居民生活成本造成显著影响。

　　（2）经济生产成本方面。表 1-14 的回归结果显示，只有国际原油市场价格的变动才会对中国的生产价格指数变动产生显著影响。上期国际原油市场价格的变动对当期中国生产价格指数变动的影响系数为 0.0950，即上期国际原油价格上升 1%，将会导致当期国内生产价格指数上升 0.0950%。生产价格指数的上期变动和产出同长期趋势背离的变化都不会对当期生产价格指数变动产生显著影响。这样的结果也是符合中国的经济现实的。能源作为生产中的三大投入之一，在生产价格指数中所占比例必然会高过在消费价格指数中所占比例，因此，国际原油价格变动对生产价格指数的影响也必然会更高、更明显。但是在对国际原油价格变动和生产价格指数变动的模型估计中，虚拟变量和国际原油价格变动的交乘项系数依旧不显著。说明 2009 年 5 月的成品油定价机制改革并没有对原本的国际原油价格变动和国内经济生产成本变动之间的关系产生任何显著影响，即 2009 年 5 月的成品油定价机制改革并没

有对中国国内的经济生产成本造成显著影响。

表 1-14　向量自回归模型回归结果

回归参数	dPPI$_t$
C	0.1575 (0.6297)
dPPI$_{t-1}$	0.0574 (0.2941)
$d(y_{t-1} - \bar{y}_{t-1})$	−0.0001 (−0.6557)
dP_{t-1}	0.0950*** (2.8512)
$D_{t-1} \cdot dP_{t-1}$	−0.0062 (−0.1611)

***1%的显著性水平下拒绝原假设

综合成品油定价机制改革对中国国内生产成本和居民消费成本的影响的实证结果,可以认为:2009 年 5 月的成品油定价机制改革并没有对中国的经济发展和社会稳定产生不良影响。从这一角度来看,2009 年 5 月的成品油定价机制改革是一次成功的定价机制改革。

1.1.4　完善中国成品油定价机制的思路和方向

对于中国成品油定价机制改革是否成功这一点,从可操作性、公平和效率等标准出发,答案应该是肯定的。现行成品油定价机制在定价的透明度和与国际接轨方面,无疑是积极的,总体成效也比较明显。但是也必须承认,中国成品油价格对市场信息的反应还是要相对滞后于国际原油价格,二者之间的联动在一定程度上也有相当的改进空间。接下来如何进一步推进成品油定价机制改革,是政府应该思考的问题。

1. 改革的方向和思路

因为体制、国情及发展阶段等方面的限制,中国现阶段可能还不是完全实现成品油定价机制市场化的时候。但市场化的定价机制依旧是中国成品油定价机制改革的最终方向。现阶段中国成品油定价机制改革的要点应该是挂靠原油品种的选择、价格调整频率、价格调整幅度及企业自行决定调价时间和调价幅度 4 个方面。

首先是挂靠原油品种的选择。改革挂靠原油品种的选择并不是说要改掉三地挂靠机制,改革三地挂靠机制的意义不大,因为三地挂靠或两地挂靠对原油价格的影响应该不会很大。挂靠原油品种改革是指要及时更新挂靠原油品种的选择。挂靠原油品种的选择应该秉持"从哪里买，跟哪里挂靠"的基本原则，什么地方买的多，其所占权重就比较大。因此，政府需要及时根据原油进口的变动情况变更挂靠原油品种，不能确定挂靠原油品种后就长期沿用。

其次是价格调整频率。2013 年的成品油定价机制改革将成品油价格调整时间从原来的 22 天缩短为现在的 10 天，同时还取消了 4%的调整条件限制。这些做法明显提高了中国成品油价格对国际市场冲击的反应，但也无法从根本上改变中国成品油价格同国际原油价格之间存在时滞这一现象。未来成品油价格机制改革依旧需要考虑价格调整频率，让中国成品油价格能够及时对外来的冲击做出反应。

再次是价格调整幅度。出于对经济和社会稳定的考量，中国政府在调价时总是会避免对市场的一些冲击。对于处于工业化和城市化进程中的发展中国家来说，这是完全可以理解的，在某种程度上也是必需的。但也必须意识到，虽然国际油价下行时，调价的不到位不会对石油企业造成损失，但如果国际油价上涨时，国内价格的调整幅度不够或者不及时，那么石化企业将会受到很大的冲击。过分的保护除了容易给能源行业的发展带来困扰外，也容易忽略掉经济发展中的环境成本和代际成本，不利于经济和社会的整体可持续发展。未来成品油定价机制改革中应该关注对价格调整幅度的合理设置，努力平衡社会、经济和环境三者之间的关系。

最后是最重要的一点——企业自行决定调价时间和调价幅度。市场化定价机制改革的关键和最大亮点应该是企业拥有对调价时间和调价幅度的决定权。如果能够实现企业对价格的自主调整，政府从旁监管，那么基本上就实现了成品油定价的市场化改革。以往在成品油的调价过程中政府都会考虑价格上调的影响，因此常常会滞后或者减少上涨幅度。改革后，一旦国际原油价格大幅度上涨或累积调高次数比较多时，企业自动调价将会及时到位，也就不会存在调价滞后或者减少调价幅度的问题了。从美国、日本和韩国 3 个国家的改革经验来看，市场化的最终走向都是定价权向企业的回归。如果能让企业在政府规定的范围内自动调价而不是等国家发展和改革委员会宣布调价，那么，中国的成品油定价机制就朝市场化改革迈出了关键性的一步。

总的来说，未来成品油定价机制改革的目标应该是"更准确、更快、更及时和幅度更大"。更准确主要依赖于挂靠原油品种的改革，更快主要依赖于调价周期的改革，更及时和幅度更大则更多依赖于企业的自动调价改革。

2. 改革的时机

作为与国民生活和经济息息相关的要素产品，成品油定价机制改革的成功与否和改革时机的选择有着必然的联系。中国政府在成品油定价机制改革方面常常提到"择机"改革。理论上说，"择机"就意味着"不确定"。的确，改革的时机很重要，可以影响改革效果和接受程度。但是，等待改革时机是相对的，除了改革时机本身的争议性外，等待改革时机是一个很不确定的事件。对于能源定价机制改革来说，最好的时机就是能源价格低廉时。

从全球能源供需状况和供应格局来看，目前是有利于中国能源定价机制改革的时机。首先，需求方面。作为最大的经济体，中国的经济增长开始放缓，环境治理意识开始增强，两方面作用的叠加将带来中国能源需求增长的放缓。而中国是全球最大的能源进口国，其能源需求增量占到了全球能源需求增量的 40%～60%，对全球能源市场的影响十分巨大。因此，中国能源需求增长放缓将直接导致全球能源需求增长放缓。其次，供给方面。美国页岩气产量的快速增长不但降低了其自身的油气进口需求，扭转了油气的对外贸易情况，也直接影响了全球的能源供应情况(特别是油气市场)。而对新能源的重视和发展也将提高未来全球的能源供应。因此，在供需两方面因素的共同作用下，可以预见，来全球能源市场的发展趋势是稳定的，短期内能源供应将相对宽松。中国政府应该抓住大家对调价的期待及宽松的供给环境，继续深化和推进自身的成品油定价机制改革。

3. 改革的配套措施

从中国现阶段的实际情况出发，认为在推进中国成品油市场化定价的同时，应该伴随着下列配套措施。

第一，完善石油战略储备体系。作为能源需求大国，石油战略储备对中国经济和社会的意义十分重大。健全且运行良好的石油战略储备体系一方面可以稳定国内成品油价格，降低国际油品市场冲击对国内市场的影响，维护和保障经济发展和社会稳定；另一方面也能防止石油供应的突然中断，帮助应对自然灾害、战争或地缘政治冲突而导致的突发性能源危机。总而言之，石油战略储备体系的好坏直接决定了该国的能源安全系数。而只有在没有能源安全的顾虑时，国家才能安心和顺利地进行自身的成品油定价机制改革。因此，未来成品油定价机制改革的进行必须伴随着石油战略储备体系的完善。

第二，加快石化行业的市场化改革。虽然中国已经逐渐放开石油行业，鼓励外资和民营资本的进入，但因为市场准入、进口、生产、炼制和销售等方面的限制，中国石油行业的上游基本还是被三大国有企业垄断，竞争力量有限，妨碍了石化行业的市场化改革脚步。从美国、日本、韩国三国的经验可以看到，这些国家之所以能够完成自己的成品油市场化定价机制改革，与其同步推进行业的市场化改革有很大关系。因此，未来成品油定价机制改革的同时也应该促进石化行业，特别是上游行业的市场化改革。

第三，放开原油进口限制。日本和韩国在成品油定价机制改革的过程中都直接提到了对原油进口权的放开。中国目前原油进口的资质和非国有企业进口配额的审批权都在商务部手里。这让非国有企业在成本优势上直接落后于国有企业，也弱化了中国石油市场的竞争程度。实现石化行业的市场化改革，需要放开原油进口限制。

第四，完善税收和补贴体系。实现成品油定价机制的市场化改革需要改变政府在成品油定价机制中的调控方式，变直接干预为间接调控。而调控的方法就是税收和补贴。未来中国的成品油市场化改革应该重视税收体系的建设和完善，避免不合理的补贴政策。税收方面，可以参考发达国家的经验，变隐性的消费税为显性，将征收主体从批发和销售商转为终端消费者，这样一方面可以向市场充分披露油品价格的构成，另一方面也可以避免企业的乱加价行为。

第五，试水石油期货。期货具有价格发现的功能。从全球石油价格体系的演变进程来看，成熟的原油期货市场对石油现货市场有很大的影响。公开竞争市场中的期货价格往往被视为国际石油现货市场的参考价格。建设石油期货市场的过程从某种意义上来说就是实现中国石油市场与国际石油市场接轨的过程。近年来，中国石油对外依存度一直在不断提高，但中国在国际油品市场上的话语权却严重缺失。通过石油期货市场来谋求价格影响力、缓解能源安全压力一直是政府和社会所希望的。当然，石油期货市场的建立不能盲目开展，需要事先考虑、认真对待，对于石油期货市场建立后可能遇到的参与意愿、交易结算及投机操作等方面的问题，需要提前制定相应的应对措施。

1.2　中国天然气价格改革

1.2.1　中国天然气价格改革历程

中国天然气价格实行政府管制，并按照产业链的上、中、下游，对定价实行分段管理，即分为出厂价格、管输价格和城市配气价格(图1-6)。其中，城市门站价格由出厂价格和管输价格构成，终端用户价格是在城市门站价格的基础上加上城市配气价格。在 2013 年 6 月的天然气价格改革之前,产、输、配三个环节都实行国家指导价,产、输环节由国家发展和改革委员会制定,配送环节则由地方政府制定。

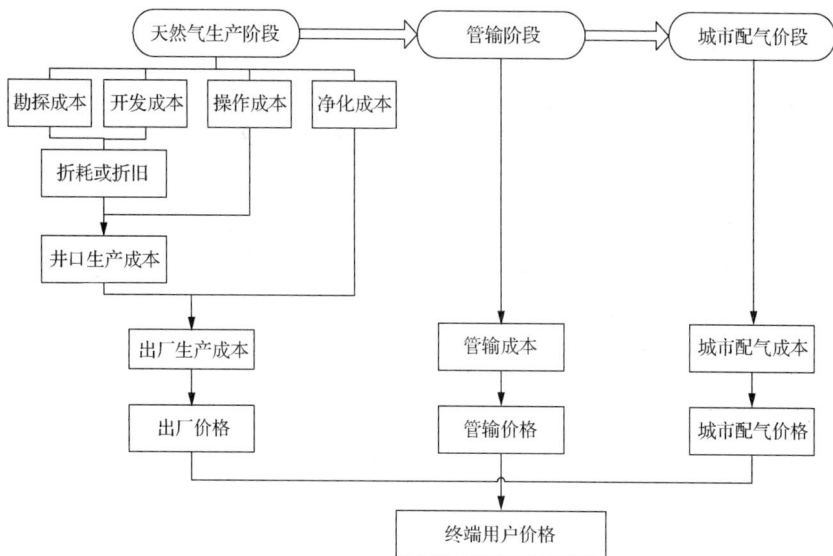

图 1-6 中国的天然气价格体系图[7]

1. 中国天然气定价历史沿革

1)出厂价格

从 1950 年至今,中国天然气出厂价格共经历了 12 次变化,其中 5 次为重大变化,价格水平具有鲜明的时代性,大体上可分为 5 个阶段。

(1)1950~1993 年,政府管制定价阶段,这个阶段又可以细分为两个阶段:1950~1981 年的低气价阶段和 1982~1993 年的双轨制价格阶段。一开始中国正处于百废待兴的状态,天然气低定价可以有力支持经济发展。但后来低气价并不能促进天然气行业的发展,甚至阻碍了天然气行业的发展。

(2)1993~2005 年,政府定价和指导价并存阶段。1993 年设立指导价并允许双向浮动,进入政府定价与指导价并存阶段。

(3)2005~2011 年,国家指导价阶段。2005 年年底,天然气定价机制开始改革,政府取消了对出厂价格的直接定价,实行政府指导价。

(4)2011~2013 年,市场化定价的试水阶段。2011 年年末,政府决定将

"两广"地区作为进行天然气价格改革的试点，为后面进一步改革做准备。原本的天然成本加成法，在这个阶段用市场净回值法代替。

(5)2013 年至今，门站环节定价阶段。2013 年 6 月将传统的"出厂环节定价"改为"门站环节定价"，同时将之前"两广"试点的市场净回值模式在全国范围内推广。

出厂价经历了从国家管制定价到国家指导价的发展过程，政府管制逐步放松，市场化逐步推进，价格水平也呈现出由低到高的发展趋势。

2）管输价格

1958 年，中国建立了第一条国内天然气管道，天然气开始有中间环节价格，而这个中间环节收费始终处于政府的管制下。在此期间，管输价格的定价方法经历了几次重大变化。

中国管输价格按照定价方式的差别大致可以分为 3 个阶段：第一阶段是1958~1976 年。在这个阶段在计划经济背景下，天然气的管输价格是由政府直接定价，而且建多少条天然气管道也是由国家政府直接计划得出。定价依据是由国家政府和油气行业的专家共同商讨制定，并没有很明确的机制。第二阶段是 1976~1984 年，管输价格比照原油的管道运价制定，而原油的管道运价则是参照铁路运价制定的，管输费率和标准也经过了多次调整。在此期间，天然气管道运输费用等于管输费率乘以天然气运输的距离。第三阶段是1984 年以后，国家对利用银行贷款新建的天然气管道按照项目经济评价法来测算管输费，即形成了"老线老价、新线新价、一线一价"定价政策。为了实现成本的合理分摊、提高用气效率，忠武线管道试行"二部制"定价法——区分容量费和使用费。经过多次改革，目前新建的管道的管输价格由在满足行业财务基础收益率的基础上反推得到，其计算公式如下：

$$\sum_{i=1}^{n}(\mathrm{CI}-\mathrm{CO})_t(1+\mathrm{FIRR})^{-t}=0 \qquad (1\text{-}8)$$

式中，CI 为现金流入量；CO 为现金流出量；$(\mathrm{CI}\text{--}\mathrm{CO})_t$ 为第 t 年现金净流量；n 为项目评价期；FIRR 为财务内部收益率。

3）城市配气价格

中国天然气城市配送气服务费由省级政府物价部门制定和管理。各地气源存在差异，且经济和社会发展程度不同，消费水平各异，因此，各地没有制定统一的城市配送气服务费的定价标准，这使得各地的天然气终端用户价格存在差异。城市配送气服务费主要由增容费、计量费、调峰费、营业税金及附加和利润构成。从目前天然气终端用户价格的构成比例看，城市配气价格占比较高，不利于下游消费市场的开拓。规范和控制城市配送气服务的费率水平是今后天然气价格改革的重点之一。

随着天然气工业的发展和消费市场的扩大，中国基于天然气利用能力和能源整体战略等因素，数次调整了天然气的定价政策（表 1-15）。天然气定价机制发展经历了低气价、行政定价、成本加成法、市场净回值法 4 个发展阶段，价格改革逐步推进。

表 1-15　中国的天然气价格改革历程简表

时间	特点	主要内容
1958~1981 年	低气价 （未定价）	作为石油副产品，主要集中在四川，产量和利用十分有限； 井口价格按 30 元/m³ 执行了 20 年，大庆油田、华北油田、辽河油田相继投产
1981~1992 年	双轨制确立 （政治干预）	勘探开发资金不足，"以气养气"；两次分别提价 60% 和 62.5%；实行价格内外双轨制，计划内起价低，计划外起价高
1992~1993 年	双轨制动摇 （政治干预）	川气实行计划内外并轨；按用户类别区别定价，分为化肥、其他工业、城市居民和商业用气；其他气田延续双轨
1993~2006 年	国家计划与国家指导价并存 （政治干预）	井口价格：企业自销天然气规定中准价，上下浮动 10%； 管输价格：成本加利润，内部收益率不低于 12%； 净化费：生产商自行制定，国家发展和改革委员会核准
2005~2008 年	国家指导价 （成本加成法）	将出厂价格归为两档，其中川渝油田、长庆油田、青海油田、新疆油田、大港油田、辽河油田、中原油田执行一档价格，其余执行二档价格；根据原油、液化石油气（Liquefied Petrd eam Gas，LPG）和煤炭五年移动平均价格确定出厂价格，每年调整一次； 一档：指导价上下浮动 10% 以内，由供需双方协商确定； 二档：指导价上浮 10% 以内，不限下浮
2011~2013 年	"两广"试点市场定价 （市场净回值法）	上海作为计价基准，分别按照 60% 和 40% 加权计算进口燃料油和 LPG 的等热值可替代的能源价格，按 0.9 的折价系数调整，确定最高门站价格，上游企业自行分配门站收益
2013 年 6 月 28 日	全国省门站定价 国家最高限价管理 （市场净回值法）	对各省门站价格进行最高上限管理，划分增量气和存量气；存量气上调 0.4 元/m³；增量气实行"两广"试点市场的净回值法定价，折价系数降为 0.85；存量气、增量气 2015 年调整到位；民用气不做调整
2014 年 3 月 20 日	居民阶梯气价	第一档覆盖区域内 80% 居民月均用气量；第二档覆盖区域内 95% 居民用气量；第三档覆盖全部居民用气量
2015 年 4 月 1 日	双轨制价格并轨	增量气最高门站价格每千立方米降低 440 元，存量气最高门站价格每千立方米提高 40 元（广东、广西、海南、重庆、四川按与全国衔接的原则安排），实现价格并轨
2015 年 11 月 20 日	全国省门站定价 基准门站价格管理 （市场净回值法）	将非居民用气最高门站价格管理改为基准门站价格管理，供需双方可在上浮 20%、下浮不限的范围内协商确定具体门站价格

2. 按气源分现行定价模式

目前，国内尚未形成统一的天然气定价模式，按照天然气来源的不同有不同的定价模式。总的来说，国内大致有国产陆上天然气、国产海上天然气、进口液态天然气和进口管道天然气四种来源的天然气。

1) 国产陆上天然气

2011 年 12 月，在"两广"地区率先进行"市场净回值法"的定价改革，确定统一的最高上限门站价格[①]。2013 年 6 月 28 日，国家发展和改革委员会发布《国家发展改革委关于调整天然气价格的通知》，明确了天然气价格调整的基本思路和适用范围，将天然气价格改革进行渐进式的全国推广。此次改革将天然气价格管理由出厂环节调节转移至门站环节调节，实行政府指导的最高上限价格管理，推行"存量气+增量气"门站价格调整方案。增量气门站价格按照"两广"地区试点方案中的计价办法，一步调整到 2012 年下半年以来可替代能源价格 85% 的水平。存量气门站价格在 3 年内分步完成调整[②]。这意味着到 2015 年国产陆上天然气均采用市场净回值法确定门站价格。

2) 国产海上天然气

这一部分天然气的价格基本上是市场出清价格，政府已经取消了对国产海上天然气的行政定价，具体的成交价格由供需双方博弈之后确定。政府这样的做法有两层含义：①鼓励社会各方的资本进入海上天然气开采领域；②海上天然气产量占国产天然气份额较小，放开之后也不会对中国天然气价格形成大的冲击。

3) 进口液态天然气

进口液态天然气和国产海上天然气一样，也是市场化定价。一般来说，中国主要从两个地区进口液态天然气：澳大利亚和中东地区。这两个地方也是众所周知的油气资源丰裕地区。进口液态天然气的价格确定有具体的准则，一般是签订长期的购气协议或者采用天然气价格和石油输出国组织(Organization of Petroleum Exporting Countries, OPEC)油价挂钩的形式，根据

---

① 广东、广西选取燃料油和液化石油气为替代能源，按 60% 和 40% 的权重、0.9 的折价系数调整后确定为中心市场门站价格。

② 存量气为 2012 年实际使用气量，增量气为超出部分，2013 年调价涉及的存量气、增量气比重分别为 91% 和 9%。各省增量气上调幅度为 30%～70%，存量气提价幅度最高不超过 400 元/$10^3 m^3$，上调幅度 10%～15%。

地方和时间的不同而采取不同的定价模式。这部分天然气的终端销售价格则由双方商讨后再决定。

4)进口管道天然气

这部分天然气的气源主要来自于独联体国家,购气价格采用双边垄断定价模式(bilateral monopoly, BIM),即两边政府派出专门负责的团队谈判后决定。该部分天然气价格通常高于国内门站销售价格,出现"价格倒挂"的状况,这部分亏损主要是由进口管道天然气的石油公司(大部分管道天然气都是由中国石油天然气集团有限公司进口)承担。

1.2.2　中国居民阶梯气价改革

在天然气价格改革的系列环节措施中,居民天然气价格改革最为困难。因此,居民阶梯气价的实施是天然气价格改革的关键环节。目前中国能源阶梯价格体系通常采用三档分类,各档气价实行超额累进加价。第一档保证居民基本用气量;第二档属于合理消费;第三档是奢侈消费,就是过度消费的概念。一般而言,阶梯气价针对不同的用气量征收不同价位的气价,其概念主要是区分消费群体,力图保障公平和效率。

以往政府人为压低平均气价,而无区别的平均气价导致每个单位消费量受到相同补贴。一般而言,用气量大,受到的补贴也就多。由于中国天然气补贴主要来源的相当一部分来自直接财政补贴或国有企业亏损(最终都是财政支出),平均气价可能导致补贴浪费行为。因此,这种补贴方式是不恰当的。财政补贴应该尽可能偏向基本消费,向弱势群体倾斜。对消费多的群体征收较高气价,可抑制不必要的消费,提高用气效率,也有利于增强其节能意识。

1. 中国阶梯气价实施情况

过去几年,河南、江苏及湖南等省份的部分城市陆续进行了阶梯气价试点。2014 年,国家发展和改革委员会印发了《国家发展改革委关于建立健全居民生活用气阶梯价格制度指导意见》(以下简称《意见》),部署建立健全居民生活用气阶梯价格制度。《意见》表示,将居民用气划分为三档:第一档用气量按覆盖区域内 80%居民家庭用户的月均用气量确定,保障居民基本生活用气需求;第二档用气量按覆盖区域内 95%居民家庭用户的月均用气量确定,体现改善和提高居民生活质量的合理用气需求;第三档用气量为超出第二档的用气部分。各档气量价格实行超额累进加价。其中,第一档气价按照基本补偿供气成本的原则确定,并在一定时期内保持相对稳定;第二档气价按照合理补偿成本、取得合理收益的原则制定，价格水平原则上与第一档气价保持 1.2 倍左右的比价；第三档气价按照充分体现天然气资源稀缺程度、抑制过度消费的原则制定，价格水平原则上与第一档气价保持 1.5 倍左右的比价。阶梯气价可以月为周期执行，也可以季度或年为周期执行，具体由各地价格主管部门结合当地实际情况合理确定。用气量在周期之间不累计、不结转。同时要求各地价格主管部门要加快工作步伐，2015 年年底前，所有已通气城市均应建立起居民生活用气阶梯价格制度。

与传统的单一气价相比，阶梯气价可以更好地兼顾效率与公平。阶梯式计价是资源产品的定价方向，有利于中国优化资源配置和社会公平分配，同时减少交叉补贴的不公平现象。2015 年年底，大部分省市已经实施居民用天然气阶梯气价制度。以下列举了北京、上海、广州、成都的阶梯气价执行情况，见表 1-16～表 1-19。

表 1-16 北京的阶梯气价执行情况

居民用气分档	一般生活用气(炊事、生活热水)/m³	天然气价格/(元/m³)	壁挂炉采暖用气/m³	天然气价格/(元/m³)
第一档	0～350	2.28	0～1500	2.28
第二档	351～500	2.5	1501～2500	2.5
第三档	500 以上	3.9	2500 以上	3.9

注：(1)2016 年 1 月 1 日起执行；(2)户籍人口 6 人及以上家庭可申请按户每档年度增加 150m³ 的气量基数；(3)执行居民气价的非居民用户，暂不执行阶梯气价，气价标准按照 2.3 元/m³ 执行

表 1-17 上海的阶梯气价执行情况

居民用气分档	一般生活用气(炊事、生活热水)/m³	天然气价格/(元/m³)
第一档	0～310	3
第二档	311～520	3.3
第三档	520 以上	4.2

注：(1)2014 年 9 月 1 日起执行；(2)户籍人口 5 人(含)以上的居民家庭按年度增加 150m³ 的气量基数；(3)户籍人口 7 人(含)以上的家庭可以选择同 5 人(含)以上家庭一样按年度增加 150m³ 的气量基数

表 1-18 广东(广州)的阶梯气价执行情况

居民用气分档	一般生活用气(炊事、生活热水)/m³	天然气价格/(元/m³)
第一档	0～320	3.45
第二档	321～400	4.14
第三档	400 以上	5.18

注：(1)2016 年 1 月 1 日起执行；(2)户籍人口 4 人以上的家庭按每增加 1 人各档气量基数增加 70m³ 计算

表 1-19　四川(成都)的阶梯气价执行情况

居民用气分档	一般生活用气(炊事、生活热水)/m³	天然气价格/(元/m³)
第一档	0～500	1.89
第二档	501～660	2.27
第三档	660 以上	2.84

注：(1)2016 年 1 月 1 日起执行；(2)非居民用户按 2.08 元/m³执行；(3)户籍人口 4 人以上的家庭每增加 1 人各档气量基数增加 65m³

2. 阶梯气价的不足与改进

阶梯气价作为解决居民气价上涨而推出的补贴机制，能有效地解决公平和效率问题，成为中国居民部门天然气价格改革的主要方案。然而，设计方案的合理性影响着阶梯气价的实施效果。如果第一档气量设计过高，将不会起到引导居民节约用气的作用，导致阶梯气价效果甚微。

事实上，根据国家发展和改革委员会 2014 年提出的《意见》将阶梯气价分为三档，第一档用气量覆盖 80%的居民家庭用气量，以保障居民基本生活用气需求，原则上第一、第二、第三档气价按 1∶1.2∶1.5 的比价安排。各地方政府若按《意见》实施阶梯气价，理论上没有问题。然而，考虑到地区差异，地方政府在听证阶梯气价过程中，如何合理确定第一档气量并不容易。听证阶段政府提出的第一档气量方案往往遭到民众的质疑，民众普遍认为第一档气量设计过低，质疑政府统计的基本用气消费数据。为缓解公众压力，地方政府往往在最终方案中将第一档气量设计偏高，但这必将影响到阶梯气价的实施效果。因此，政府应着力调查分析第一档气量，向公众具体解释为什么公布的第一档气量可以覆盖大多数的居民用户，而且可以保证居民的基本用气，获得民众的支持理解。此外，高收入消费群体不太在乎气价上涨，价格弹性小，因此，更大幅度地调高三档气价才能引起高收入群体的重视，增强高收入群体的用气节能意识。

在推出阶梯气价方案时，政府还应考虑季节性差异。随着中国北方地区大面积推进"煤改气"，未来天然气将大规模进入供热环节，进而导致季节性用气不均衡。政府可以按年度用气量为计算周期，解决季节性问题，使大多数消费者理性安排每月用气，从而避免进入二档、三档用气量。例如，上海市最新公布的阶梯气价方案就采取了按年度用气量为计算周期的方式。此外，政府也可以分季节计费，提高冬季第一档气量，保障居民采暖所需气量。

此外，地方政府还应界定未来阶梯气价各档用气量的调整方向。随着经济增长和居民收入水平的增加，以及天然气供热在居民部门的大面积普及，居民用气量还将随之上涨。因此，各地政府需要对居民收入和用气成本变化趋势进行评估，相应调整阶梯气价机制。事实上，阶梯气价的设计根据政策的需要还可以有很多方案。例如，可以适当地增加阶梯，把三阶梯改成四阶或五阶，针对不同收入群体制定相应气价；考虑到居民对改革后价格的接受程度，减少而不是完全消除交叉补贴。同时，阶梯气价设计应考虑各个地方的地域特点、居民生活消费情况等因素，因地制宜。

1.2.3　中国天然气价格改革的影响

1. 天然气价格波动对不同行业的影响程度

基于投入产出延长表（包括 65 个部门），对天然气价格波动的影响进行模拟和计算。表 1-20 的结果表明，在 65 个部门中对天然气价格最为敏感的 10 个行业中化工行业、钢铁业、有色金属行业占绝大多数。其中，受天然气价格波动影响最显著的是部门是基础化学原料业，敏感度[①]为 1.2727%。而受天然气价格波动影响最弱的是房地产业、金融业、批发和零售业、农林牧渔业等 10 个与居民消费相关的行业，敏感度系数均小于 0.25%。从行业受天然气价格波动的平均影响来看，工业产出价格影响（0.4900%）＞建筑业产出价格影响（0.3550%）＞第三产业产出价格影响（0.2465%）＞农林牧渔业产出价格影响（0.1218%）。

表 1-20　对天然气价格敏感度最强（弱）的 10 个部门

序号	敏感度最强部门	敏感度/%	敏感度最弱部门	敏感度/%
1	基础化学原料业	1.2727	房地产业	0.0919
2	黑色金属矿采选业	1.1933	金融业	0.0989
3	专用化学产品制造业	1.0587	批发和零售业	0.1043
4	非金属矿及其他矿采选业	0.8592	农林牧渔业	0.1218
5	钢压延加工业	0.7183	烟草制品业	0.1396
6	合成材料制造业	0.7016	教育	0.1453
7	铁路运输设备制造业	0.6551	公共管理和社会组织	0.1498
8	肥料、农药	0.6320	综合技术服务业	0.2088
9	其他化学制品	0.5789	信息传输、计算机服务和软件业	0.2140
10	其他电气机械及器材制造业	0.5548	食品及酒精饮料	0.2261

---

① 敏感度反映了天然气价格变动对各经济部门的综合影响，各部门单位产值中承载的天然气消费量越多，受天然气价格波动的影响就越大。

天然气价格上涨对各行业直接影响①程度的大小取决于本行业的中间投入结构、投入量和总产出。单位行业总产值耗费的天然气行业提供的中间产品越多，受到天然气价格上涨的直接影响就越大。在 65 个部门中，除化工行业、钢铁业、有色金属行业外，住宿和餐饮业、水的生产和供应业受天然气价格上涨的直接影响也较大，分别为 0.3634%、0.3252%（表 1-21）。

表 1-21　受天然气价格上涨直接和间接影响最强的 10 个部门

序号	部门	直接影响/%	部门	间接影响/%
1	黑色金属矿采选业	0.8153	专用化学产品制造业	0.6201
2	基础化学原料	0.7992	钢压延加工业	0.5370
3	非金属矿及其他矿采选业	0.5299	合成材料制造业	0.5247
4	专用化学产品制造业	0.4386	肥料、农药	0.5017
5	住宿和餐饮业	0.3634	黑色金属冶炼	0.4854
6	水的生产和供应业	0.3252	塑料、橡胶制品	0.4805
7	铁路运输设备制造业	0.2415	基础化学原料	0.4735
8	船舶及浮动装置制造业	0.1944	电子元器件制造业	0.4320
9	钢压延加工业	0.1813	文化、办公用机械制造业	0.4272
10	合成材料制造业	0.1769	金属制品业	0.4214

天然气价格上涨的间接影响程度的大小取决于各个行业的产业内循环的程度，中间产品投入率越高的行业，其产业内循环的特征越明显。从表 1-21 可以看出，虽然肥料、农药部门受天然气价格上涨的直接影响不高，但受产业内循环影响，其间接影响较为显著，达 0.5017%。

2. 不同天然气价格上调幅度和调价结构对价格指数的影响

根据刘畅、林伯强等的研究，2010 年若取消天然气补贴，工业、居民消费、公共服务业 3 个部门气价将分别上涨 17.74%、27.80%、25.23%[3]。但是，在进行天然气价格改革时，政府需要综合考虑宏观经济、居民消费的承受压力，现实中价格改革程度（取消补贴程度）通常小于完全取消补贴时的价格上涨幅度。2013 年 6 月 28 日，国家发展和改革委员会发布《国家发展改革委关于调整天然气价格的通知》，明确了天然气价格调整的基本思路和适用范

----

① 各个部门对天然气行业的直接消耗系数代表着直接影响系数的大小。直接影响系数越大，这表明该部门对天然气行业的依赖性越强。

围。根据政府计划在"十二五"末期完成存量气价改的要求，2013～2016 年，存量气和增量气的并轨将进一步拉动气价上涨，天然气价格未来三年的年复合增速在 10%～15%。因此，本节将模拟完全取消补贴时的气价上涨幅度及天然气价格分别上调 10% 和 15% 3 种情形下对各物价指数的影响。

由表 1-22 可见，根据投入产出表的结果，在 3 种情形下价格上调对价格指数的影响依次为完全取消补贴的影响＞气价上调 15% 的影响＞气价上调 10% 的影响。其中，当天然气价格上涨 10% 时，将推动消费价格指数、生产价格指数和总物价指数分别上涨 0.0925%、0.0689%、0.0554%，其中城镇消费价格指数上涨幅度最大，为 0.1033%；而完全取消补贴时，各类价格指数上涨幅度与气价上调 10% 时相比，均有大幅度上涨。可见，相对于完全取消气价补贴时的情形，天然气价格上涨 10%，经济会受到一定的影响，各种价格指数都有不同程度的上涨，但整体影响较小。

表 1-22　不同天然气调价幅度和调价结构对各种物价指数的影响　（单位：%）

价格指数	完全取消气价补贴的影响	气价上调 10% 的影响		气价上调 15% 的影响	
		无差别上调	差别上调	无差别上调	差别上调
消费价格指数(CPI)	0.1741	0.0925	0.0904	0.1388	0.1356
农村消费价格指数	0.1070	0.0554	0.0526	0.0832	0.0789
城镇消费价格指数	0.1936	0.1033	0.1014	0.1550	0.1521
生产价格指数(PPI)	0.1135	0.0689	0.0683	0.1033	0.1024
总物价指数	0.1037	0.0554	0.0541	0.0831	0.0812

注：无差别上调指所有行业的天然气价格都按照 10% 或 15% 的幅度统一上调；差别上调指城乡居民用气、农林牧渔业和肥料、农药生产用气价格不上调，其他行业按照统一幅度上调

另外，在气价上调时若实施差别上调将会减少各种价格指数的上涨幅度，其中居民消费价格指数减少幅度相对较大，可降低约 0.002 个百分点，但对生产价格指数影响较小。整体来说，气价上调 10% 时，实施差别气价对各类价格指数的影响不大，但气价上调 15% 时，若实施差别气价，居民消费价格指数上涨幅度可相应缩小约 0.003 个百分点。可见，在气价上调幅度较大时实施差别气价对居民消费价格指数上涨的抑制效果相对较好。

3. 政策建议

本节基于中国 65 个部门的投入产出表，利用投入产出模型模拟了不同气价变动幅度下，各部门对于气价变动的反应敏感度及天然气价格调整对各种

价格指数的影响。结果表明,化工行业、钢铁业、有色金属行业对天然气价格改革最为敏感,而房地产业、金融业、批发和零售业、农林牧渔业等 10 个与居民消费相关的行业受天然气价格波动最弱。从行业受天然气价格波动的平均影响来看,工业产出价格影响(0.4900%)>建筑业价格影响(0.3550%)>第三产业产出价格影响(0.2465%)>农林牧渔业产出价格影响(0.1218%)。通过模拟完全取消补贴时的气价上涨幅度及天然气价格分别上调10%和15% 3种情形下对各价格指数的影响可以看出,完全取消补贴的影响>气价上调15%的影响>气价上调 10%的影响。相对于完全取消气价补贴时的情形,天然气价格上涨 10%,经济会受到一定的影响,各种价格指数都有不同程度的上涨,但整体影响较小。另外,气价上调10%时,实施差别气价对各类价格指数的影响不大,但气价上调 15%时,若实施差别气价,居民消费价格指数上涨幅度可相应缩小 0.003 个百分点,即在气价上调幅度较大时实施差别气价对居民消费价格指数上涨的抑制效果相对较好。

可见,在当前中国天然气占一次能源消费结构比重较低的情况下(2012年中国天然气占一次能消费比重仅为 5.5%),实施天然气价格改革,提高天然气价格,并辅之以差别上调、适当补贴的配套政策,天然气价格改革不会对中国宏观经济造成显著的负面影响。反之,如果错失现在的改革机会,则未来的改革可能要支付更大的成本,也可能对国民经济产生更大的冲击。

天然气价格改革需要考虑民众对涨价的承受力和接受程度,在市场化和保民生之间寻找一个平衡点。在全国门站价格市场化改革全面展开的同时,如何与终端用户价格联动,将是未来天然气价格改革需要完善的重要一环。也就是说,在完善门站价格形成机制的同时,还需要进一步完善整体的天然气价格改革方案,包括终端用户价格传导机制与阶梯气价制度的整体配套,从公平和效率的角度考虑天然气价格改革,照顾不同地区和不同用户对天然气价格的承受能力,设计有目标的补贴措施。整体思路大致如下:对经济相对欠发达省份的中心城市门站价格采取适当的优惠,同时对民用天然气及农用天然气进行补贴,尽量减小天然气提价对居民和农业的影响。

现阶段中国工业用气占天然气消费的比重最大,但在未来,民用天然气将成为主要的使用方向。随着天然气供热的发展,居民用气量会很快加大。而居民用气价格常常是价格改革最困难的一环,因此改革越早越具有主动权。只有使天然气价格改革延伸至民用气领域,才能实现天然气全产业的市场化价格。因此,在民用气领域实施阶梯气价,是推动民用气价市场化及完善天然气补贴机制的重要环节。阶梯气价针对不同的用气量征收不同价位的气价,在体现资源公平的同时，也体现了环境公平。高收入群体对现有的气价不太敏感，容易导致其对天然气的过度使用并产生不必要的浪费。对高收入群体征收较高气价，可抑制不必要的消费，提高用气效率，也有利于增强其节能意识。2014 年 3 月，国家发展和改革委员会发布的《国家发展改革委关于建立健全居民生活用气阶梯价格制度的指导意见》要求 2015 年年底前所有已通气城市建立起居民生活用气阶梯价格制度。考虑到地区差异，如何合理确定各档气量、分档气价、计价周期等符合地区天然气发展需要的阶梯气价方案，是中国天然气价格改革下一步的重要落脚点。

参 考 文 献

[1] Group 20. G20 Leaders Statement: The Pittsburgh Summit G-20 Leaders' Declaration[R]. Pittsburgh: G20, 2009.

[2] Lin B Q, Jiang J Z. Estimates of energy subsidies in China and impact of energy subsidy reform. Energy Economics, 2011, 33(2): 273-283.

[3] Lin B Q, Liu C, Lin L. The effect of China's natural gas pricing reform. Emerging Markets Finance and Trade, 2015, 51(4): 812-825.

[4] Engle R F, Granger C W J. Co-integration and Error-correction: representation, estimation and testing. Econometrica, 1987, 55(2): 251-276.

[5] Hooker M A. Are oil shocks inflationary? asymmetric and nonlinear specifications versus changes in regime. Journal of Money Credit and Banking, 2002, 34(2): 540-561.

[6] LeBlanc M, Chinn M D. Do high oil prices presage Inflation?. Business Economics, 2004, (2): 38-48.

[7] 周志斌. 天然气市场配置及补偿机制的研究. 北京: 科学出版社, 2011.

第2章　对有效能源补贴的重新界定和探讨

化石能源补贴通常会造成低效甚至无效的能源使用，导致能源过度消费和环境污染。2009年G20匹兹堡峰会后，各国纷纷制定了化石能源补贴的改革计划。作为全球第一大能源消费国和碳排放国，中国化石能源补贴改革对全球削减化石能源补贴的努力具有重要意义。2009年G20匹兹堡峰会后，中国化石能源补贴改革进程明显加快。那么，过去数年，中国在油、气、煤、电领域的补贴改革是否真正发挥了作用？当前中国化石能源补贴是否大量削减？本章将围绕这些问题进行研究。

2.1　中国现有的化石能源补贴的估算：传统视角

现有的测度化石能源补贴的方法有许多，如价差法[1]、生产者(消费者)补贴等值法(PSE/CSE)[2]、具体项目法[3]等。对于许多发展中国家而言，由于数据受到限制，价差法可能是唯一可行的方法[4]。对于中国而言，大多数能源补贴都是消费侧补贴，适用价差法。Lin和Jiang[5]、Lin等[6]均采用国际能源署(International Energy Agency,IEA)提出的价差法对2007年中国化石能源补贴规模进行了全面估算。本书将采取同样的方法对2013~2015年中国化石能源补贴规模进行估算，分析中国化石能源补贴的动态变化。

2.1.1　价差法

准确地确定基准价格(reference price)是价差法计算补贴规模的基础。对于中国这样的油、气净进口国家而言，进口部分的基准价格为能源在最近的国际枢纽(海港或空港)的价格经质量差异调整后的价格，加上净进口者所承担的运费与保险成本，再加上国内运销成本费用及各种增值税①。而国内生产部分则以国际市场价格作为参考基础，加上相应的运输费用及税费。确定基准价格和终端消费价格后，价差和补贴规模可表示为

---

① 国际能源署认为在确定参考价格时，如果对最终能源销售征收增值税，应当加上增值税，用于估算经济体内部对于经济活动的税收。除此以外，其他税收，包括特种消费税(excise duties)，均不包含在参考价格内。

$$PG_i = RP_i - CP_i = IP_i + D_i + T_i - CP_i \tag{2-1}$$

$$S_i = PG_i \times C_i \tag{2-2}$$

式中，PG_i 为价差；RP_i 为基准价格；CP_i 为终端消费价格，即消费者实际支付价格；IP_i 为国际市场价格或到岸完税价格；D_i 为运输费用及市场销售成本；T_i 为相应的税费；C_i 为能源消费量；S_i 为能源补贴规模；i 为能源产品种类。

1. 成品油

中国成品油主要包括汽油、柴油、燃料油、航空煤油等，其中汽油、柴油是使用最为广泛的成品油。鉴于中国近年来推出的成品油定价机制改革主要针对汽油、柴油，本书计算的成品油补贴以汽油和柴油为主。2015 年，汽油、柴油的平均国际价格分别为 77.7 美元/桶、66.2 美元/桶。与 2007 年相比，汽油、柴油增值税税率不变(17%)，但关税税率均从 2%降至 1%。根据国际能源署的估计，美国的成品油运销成本占成品油零售价格的 12%，中国的运销成本较高，经计量模型测算，中国的成品油运销成本约为成品油零售价格的 20%。由于中国成品油最终消费价格受最高零售价格管制和受数据限制，本书假定不同行业接受的终端消费价格都是由国家发展和改革委员会制定的零售价格。根据国家发展和改革委员会价格监测中心发布的 36 个大、中城市月平均汽油、柴油零售价格数据，通过加权平均可计算出 2015 年中国 93 号汽油和 0 号柴油的零售平均价格分别为 8039.1 元/t、6522.8 元/t。如图 2-1 所示，2009 年 5 月，政府宣布新的成品油定价机制后，中国汽油、柴油价格和国际原油价格开始真正接轨，沿国际原油价格上下浮动。

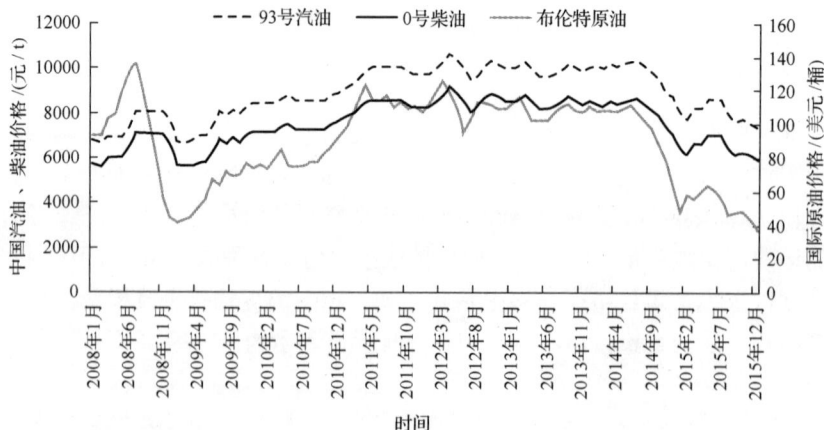

图 2-1 中国汽油、柴油价格与国际原油价格走势
资料来源：中国经济数据库

2. 天然气

石油等能源产品通常选取国际市场价格作为参考价格，即国内基准价格=国际市场价格+税费+国内运销成本。由于缺乏生产者与消费者之间良好的互通性及相对较高的运输成本限制，不同于石油市场，天然气市场更多地表现为区域性市场而非全球性市场。近年来，随着全球天然气市场的发展，在欧洲、亚洲、北美三大天然气市场区块，基本形成了以美国、加拿大、日本、德国、英国为主的五大天然气国际市场价格(图 2-2)。虽然近年来全球 LNG 贸易量显著增长，但并未因此形成全球性的天然气价格，亚洲、欧洲和北美之间的市场耦合度仍不高[1]，五大天然气市场价格差异较大。

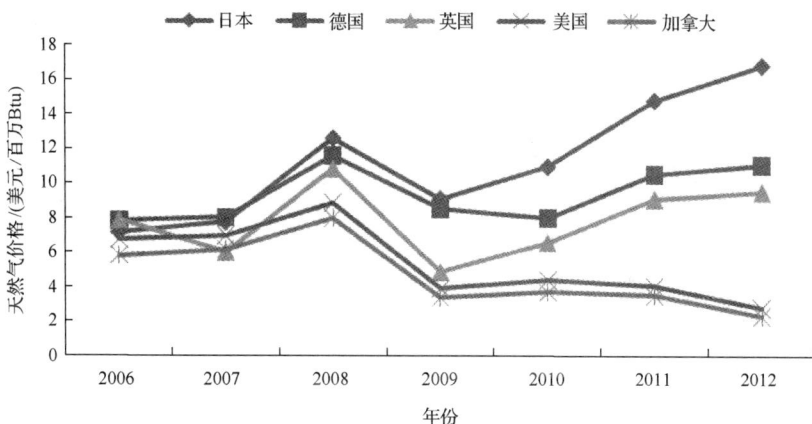

图 2-2　2006～2012 年的国际天然气价格
资料来源：BP 世界能源统计年鉴，2013

从 2009 年开始，"页岩气革命"使美国、加拿大的天然气价格大幅下降，自给自足的北美市场与其他两个地区联动有限。亚洲地区普遍采取油价挂钩的定价方法，欧洲地区油价挂钩、气对气竞争两种定价机制共存且相互影响，因此，亚欧地区的天然气价格也存在较大差异。与中国同属亚洲地区的日本，天然气主要依赖于进口 LNG，长期合同和运输成本导致其价格长期偏高，也不适合作为中国天然气基准价格。

2013 年，国家发展和改革委员会下发的《国家发展改革委关于调整天然气

---

[1] 欧洲与北美的经验显示，油价挂钩与气对气竞争的两种市场定价方法会造成相对不同的定价结果。但即使是采用相似定价机制的英国和美国，计算出的价格差距也较大，例如，2012 年英国国家平衡点(The UK National Balancing Point, NBP)交易中心平均价格为 9.46 美元/百万英热单位($1Btu=1.05506\times10^{3}J$)，美国亨利交易中心(Henry Hub)平均价格却仅为 2.76 美元/百万英热单位。

价格的通知》中给出了全国性的天然气价格改革方案,进行存量气与增量气改革。其中增量气价格直接实行油价挂钩机制,价格一步调整到与燃料油、液化石油气(权重分别为 60%和 40%)等可替代能源保持合理比价的水平。按照价格调整的思路,存量气与增量气并轨的完成将使中国天然气价格进入市场化阶段,增量气价格可以认为是中国天然气市场化的价格。因此,在选取国内参考价格时,以《国家发展改革委关于调整天然气价格的通知》中给出的 29 个省份增量气最高门站价格的平均价格作为基础,加上配气成本[①]计算出中国天然气国内基准价格。

3. 煤与电

与欧美等发达国家相比,中国的居民用电价格长期低于工业用电价格(图2-3),中国的电力部门存在严重的交叉补贴[②]。电力无法像其他能源产品一样储存并交易,因此,采用长期边际成本作为基准价格,以亚洲开发银行估计的长期边际成本为基础并利用居民消费价格指数进行调整。2013 年起,中国政府将销售电价并归为 3 类,其中居民生活用电和农业生产用电的电力消费价格低于长期边际成本,而工商业的电力消费价格高于长期边际成本。中国

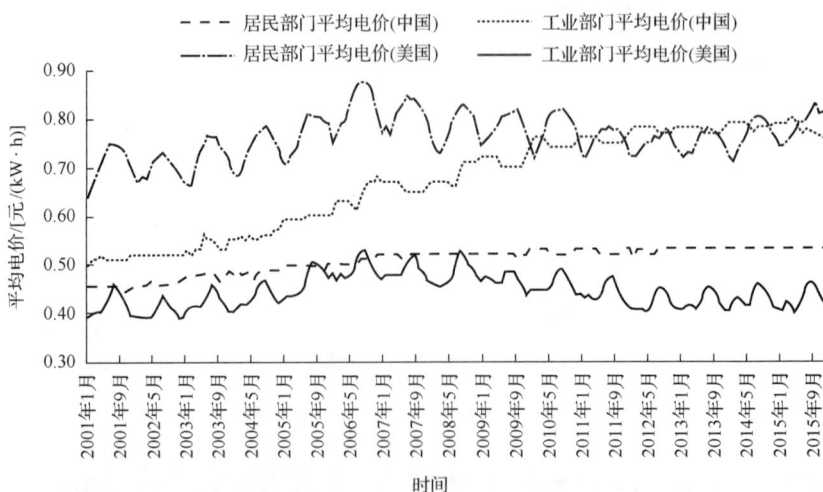

图 2-3　中、美两国居民部门与工业部门平均电价比较

资料来源:中国经济数据库及国际能源署,美国电力价格按照每月即期汇率换算

---

① 配气成本即门站价格与终端销售价格之间的差异。配气成本=运销成本−管输成本。中国各省配气成本的平均水平为 0.7~1.2 元/m³,管输成本为 0.4~0.6 元/m³。

② 2015 年中国平均销售电价约为 0.743 元/(kW·h),美国平均销售电价约为 0.648 元/(kW·h),中国的平均电价水平与电力市场化国家差距并不大,但其中的交叉补贴问题却相当严重。

的电煤经过了多年的市场化改革，在 2013 年，煤炭价格已经全面市场化。因此，本书认为自 2013 年起中国煤炭部门的补贴已完全取消。

2.1.2　2015 年中国化石能源补贴规模

通过计算得出 2015 年中国各类化石能源的补贴价格，见表 2-1。其中汽油、柴油平均补贴率分别为–13.13%、–22.33%[①]。事实上，通过计算 2013～2015 年中国的汽油、柴油补贴率发现，2013 年高油价时期，中国的汽油、柴油补贴率已不到 6%。随着 2013 年成品油定价机制的进一步完善及国际原油价格的持续低迷，中国的汽油、柴油补贴率逐年下降，甚至出现了负补贴的情况[②]。在中国实施天然气价格改革前，2012 年中国的天然气补贴率高达33.10%[6]。改革后，中国的天然气补贴率开始逐年下降，到 2015 年，中国工业、公共服务业部门天然气补贴率分别降至 1.08%、4.36%，但由于定价改革并未涉及居民部门，居民天然气补贴率仍然较高。与此同时，电力行业交叉补贴现象仍然严重，居民部门用电补贴率高达 50% 以上。

表 2-1　2015 年中国各类化石能源补贴价格

化石能源	行业	终端消费价格	国内基准价格	进口基准价格	补贴率/%
汽油/(元/t)	工业	8039.08	6926.61	6100.15	–16.06
	交通	8039.08	7135.62	6309.16	–12.66
	居民	8039.08	7264.25	6437.79	–10.67
柴油/(元/t)	工业	6522.83	5186.58	5439.85	–25.76
	交通	6522.83	5356.15	5609.42	–21.78
	居民	6522.83	5460.51	5713.77	–19.45
天然气/(元/m³)	工业	3.72	3.72	3.84	1.08
	居民	2.58	3.77	3.89	32.15
	公共服务业	3.63	3.76	3.88	4.36
电力/[元/(kW·h)]	居民	541.50	1210.56	—	55.27
	农业	581.84	746.49	—	22.06
	工商业及其他	781.70	703.68	—	–11.09
煤炭				—	—

资料来源：农业电力终端消费价格根据各省发展和改革委员会公布的调价通知计算所得，其他所有终端消费价格数据均来源于中国经济数据库，考虑到居民部门在 2012 年、2015 年全面实施阶梯电价、阶梯气价，因此，将居民用气、用电价格根据阶梯价格方案中的用量覆盖范围及分档价格进行调整；汽油、柴油进口价格根据海关统计数据计算，天然气进口价格数据来源于中国石油经济技术研究院发布的《2015 年国内外油气行业发展报告》

---

① 补贴率=价差/基准价格。

② 中国的成品油价格并未完全市场化，价格仍然由政府指导定价，因此认为在现行定价机制下出现负补贴的情况是可能存在的。

结合 2015 年各类化石能源的消费量，计算出 2015 年中国化石能源补贴规模为–1047.41 亿元（表 2-2），这意味着 2015 年中国财务意义上的化石能源补贴已经完全取消。

表 2-2　2015 年中国化石能源补贴规模

化石能源	消费量	补贴总量/亿元	居民部门补贴量/亿元	补贴量占 GDP 的比例/%
汽油	$107×10^6$ t	–949.83	–180.61	–0.14
柴油	$173×10^6$ t	–2036.73	–110.26	–0.30
成品油	$280×10^6$ t	–2986.56	–290.87	–0.44
电力	55500 亿 kW·h	1353.17	4868.10	0.20
天然气	1931 亿 m³	585.98	474.50	0.09
煤炭	—	—		
合计	—	–1047.41	5051.73	–0.15

资料来源：2015 年电力和天然气消费数据均来源于中国经济数据库，汽油和柴油消费数据则结合 2014 年实际消费数据和中国石油经济技术研究院公布的预期消费增速进行计算

表 2-2 表明，2015 年，中国化石能源补贴主要存在于电力和天然气方面。值得注意的是，中国居民部门电价和气价交叉补贴的现象仍然严重。2015 年，中国居民部门用电交叉补贴高达 4868.10 亿元，农业部门享受了 167.94 亿元的电力补贴，工业部门则付出了 3069.95 亿元的收益补贴，以补贴居民和农业部门。受发电成本的上涨及税费增加的影响，2001～2015 年，中国工业部门的电价上涨了近 50%，而考虑到居民的承受能力及社会稳定的需要，政府对居民部门的销售电价仅提高了 15%左右。与此同时，城市化进程使得居民部门的电力消费量大幅增加，这使得居民部门的电力交叉补贴居高不下。除此之外，受益于天然气价格改革的推进，2015 年，工业、商业部门天然气补贴分别大幅削减至 48.36 亿元、63.12 亿元，而定价机制改革并未涉及居民部门，居民气价仍明显低于工业气价，居民部门天然气补贴量高达 474.50 亿元，占天然气总补贴量的 81%。

2.1.3　中国化石能源补贴规模变化

为了进一步分析中国化石能源补贴规模的变化过程，本书采用同样的方法计算 2013 年、2014 年中国化石能源补贴规模，同时将其与 G20 匹兹堡峰会前的 2007 年、2008 年中国化石能源补贴规模进行对比（图 2-4）。

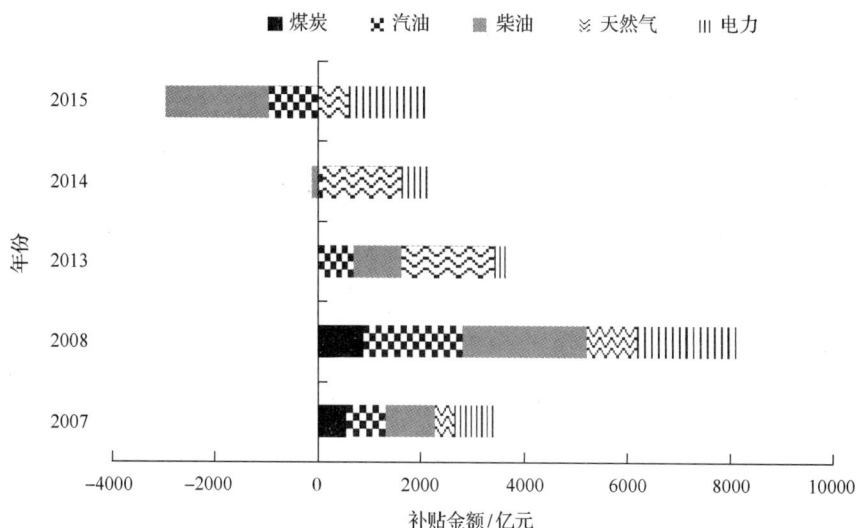

图 2-4　中国化石能源补贴规模变化

从图 2-4 可以看出，G20 匹兹堡峰会前，中国化石能源补贴规模大，尤其是能源价格高起的 2008 年，中国化石能源补贴总额约为 8000 亿元（现价）。而中国化石能源补贴大幅削减则是从 2013 年开始，其主要原因如下：

第一，2013 年，政府取消重点电煤合同和煤炭价格双轨制，煤炭价格全面市场化意味着煤炭补贴基本被取消。虽然过去煤炭补贴仅占化石能源总补贴的 10%～14%。但由于煤炭是所有化石能源中碳排放系数最高的能源品种，取消煤炭补贴为中国减少了约 1 亿 t 的 CO_2 排放。

第二，2013 年，政府进一步完善成品油定价机制，缩短计价和调价周期、取消调价幅度限制、调整挂靠油种，使得中国汽油、柴油价格与国际原油价格的联动更为有效。定价机制完善后，成品油补贴在高油价时期（2014 年，原油价格为 99 美元/桶）已基本取消，而在低油价时期（2015 年，原油价格为 52 美元/桶），甚至出现了负补贴。应该说，即使未来成品油价格大幅反弹，目前的成品油定价机制也能够保证成品油补贴不再大幅反弹。

第三，由于天然气消费量在近十年呈爆发式增长，且天然气价格改革相对滞后，天然气补贴规模逐年增加。至 2013 年在其他化石能源补贴大幅减少的情况下，天然气补贴成为中国化石能源补贴最主要的部分，占总补贴的

50.2%①。但是，随着政府在 2013～2015 年对天然气领域采取的一系列密集改革措施，天然气补贴在 2013～2015 年大幅削减，2015 年非居民部门天然气补贴已基本取消。

结合图 2-1，可以发现，2014 年下半年国际原油价格暴跌后，原油价格长期低迷，与之联动的成品油价格大幅降低，使中国成品油在 2015 年出现了负补贴的情况。同时，中国各类能源产品消费增速大幅降低，2014 年的中国能源消费增长率仅为 2.2%，2015 年的能源需求近乎零增长。可见，得益于能源价格大幅下跌和能源需求增速减缓及能源价格机制改革的有效推进，2013～2015 年，中国化石能源补贴大幅削减，补贴规模从 3834.50 亿元下降至–1047.41 亿元。

本书利用因素分解方法对补贴规模变化进行结构分解，量化能源消费、能源价格及改革三大因素的贡献度。因素分解方法大量应用于能源消费及 CO_2 排放的分解分析中。早期的因素分解主要采用拉氏(Laspeyres)分解法，但分解结果存在残差项，对于残差项无法给出合理的解释。随后，大量学者对因素分解方法进行拓展和创新，提出解决残差项的不同方法。其中，以 Ang 等[7]提出的对数平均迪氏指数(logarithmic mean divisia index，LMDI)方法运用最为广泛，该方法论具备完全分解和总量一致性的良好特性，且允许数据中存在零值，但无法解决数据出现负值的情形。Chung 和 Rhee[8]则提出了平均变化率指数(mean rate-of-change index, MRCI)方法，以各因素平均变化率占全部因素平均变化率之和的比例为权重，允许存在一个自由的余值，且允许数据出现负值。LMDI 方法和 MRCI 方法均为完全结构分解法，分解结果均不存在残差项。

上述研究中所计算的成品油补贴规模存在负补贴的情形，运用 LMDI 方法失效，因此这里采用 MRCI 方法对补贴规模变化 S_{ij} 进行分解。

$$S_{ij} = \frac{RP_{ij} - CP_{ij}}{RP_{ij}} \times RP_{ij} \times C_{ij} = R_{ij} \times RP_{ij} \times C_{ij} \tag{2-3}$$

在式(2-3)中可以将补贴规模变化分解为 3 个有影响力的变量：其中 R_{ij} 为

---

① 国际能源署同样采取价差法计算了中国 2013 年的化石能源补贴规模，其与本书所计算的补贴规模差异主要在于天然气补贴。国际能源署计算 2013 年中国天然气补贴为 20 亿美元(折合人民币 129 亿元，而本书计算的补贴规模为 1825.41 亿元，其中进口气补贴规模为 548 亿元。2013 年中国的主要天然气进口公司中石油销售进口气净亏损 418.72 亿元，这与本书计算方法所得的进口补贴额接近。因此，本书估算的中国化石能源补贴规模相对准确。

第 i 种能源在第 j 个行业的补贴率，代表能源补贴改革因素的影响；RP_{ij} 为基准价格，代表能源价格因素的影响；C_{ij} 为能源消费量，代表能源消费量的影响。

根据 MRCI 结构分解模型，补贴规模的变化量 ΔS 可以分解为

$$\Delta S = \sum_{ij} M_{ij}(*)\left(\frac{1}{R_{ij}}\right)\left(R_{ij,t} - R_{ij,0}\right) + \sum_{ij} M_{ij}(*)\left(\frac{1}{\mathrm{RP}_{ij}}\right)\left(\mathrm{RP}_{ij,t} - \mathrm{RP}_{ij,0}\right) \tag{2-4}$$
$$+ \sum_{ij} M_{ij}(*)\left(\frac{1}{C_{ij}}\right)\left(C_{ij,t} - C_{ij,0}\right)$$

式中，t 为第 t 期；$M_{ij}(*)$、R_{ij}、RP_{ij}、C_{ij} 分别定义为

$$M_{ij}(*) = \frac{S_{ij,t} - S_{ij,0}}{A_{ij}(*)}$$

$$R_{ij} = \frac{R_{ij,t} + R_{ij,0}}{2}$$

$$\mathrm{RP}_{ij} = \frac{\mathrm{RP}_{ij,t} - \mathrm{RP}_{ij,0}}{2}$$

$$C_{ij} = \frac{C_{ij,t} + C_{ij,0}}{2}$$

$$A_{ij}(*) = \left(\frac{R_{ij,t} + R_{ij,0}}{2}\right) + \left(\frac{\mathrm{RP}_{ij,t} + \mathrm{RP}_{ij,0}}{2}\right) + \left(\frac{C_{ij,t} + C_{ij,0}}{2}\right)$$

从图 2-4 中可以看到，2013～2015 年，中国化石能源补贴规模减少主要得益于油、气领域的补贴规模减少，因此结合前面的数据，利用 MRCI 方法对 2013～2015 年中国化石能源补贴规模变动因素进行分解计算（表 2-3）。

表 2-3　2013～2015 年中国化石能源补贴规模变动因素贡献率　（单位：%）

化石能源	能源价格	能源补贴改革	能源消费量
汽油	5.53	96.18	−1.71
柴油	12.86	87.36	−0.84
成品油	10.26	90.48	−0.75
天然气	8.40	106.17	−14.57

由表 2-3 可知，价格下降及改革的推进对成品油补贴规模减少的贡献率分别达 10.26%和 90.48%。即使成品油消费量有所增加，但消费增速明显减缓，这使得能源消费量增加对成品油补贴规模减少的贡献率仅为–0.75%。与此同时，天然气价格下降、补贴改革及消费量增加对天然气补贴规模的贡献率分别为 8.40%，106.17%和–14.57%。

通过分析发现，居民部门化石能源补贴规模从 2013 年的 5400.43 亿元削减至 2015 年的 5051.73 亿元，减少了 348.7 亿元，削减幅度不大。即使居民天然气消费量逐年增加，居民阶梯气价的实施及居民气价上调也使得居民部门用气补贴规模削减了 125 亿元。同时，成品油定价机制的进一步完善及成品油价格的持续低迷使居民部门的成品油补贴规模大幅削减。但是，居民电力消费的补贴没有得到解决，而居民电力消费量不断增加使得居民电力交叉补贴规模有所上升，居民电力交叉补贴规模从 2013 年的 4561.81 亿元增加至 2015 年的 4868.10 亿元。

2.1.4　中国包含外部成本的化石能源补贴

理论上，能源产品的基准价格可视为"经济价格"，能够反映能源产品的各项成本，不仅包括开采和运营成本，还包括资源稀缺成本及环境污染等造成的外部成本。然而，由于能源代际问题和环境影响的未知性，现实中的"经济价格"很难真正反映资源稀缺成本和外部成本。其中资源稀缺成本由于时间的动态变化难以估计，但随着世界对环境问题的重视，越来越多的学者和研究机构开始关注环境外部成本。

过去，姚昕等[9]利用茅于轼、美国国家研究委员会(United States National Research Council)估算的煤炭、成品油和天然气外部成本对中国 2007 年包含外部成本的化石能源补贴进行了计算。随着时间的推移，中国目前面临着更严峻的环境问题，尤其是雾霾等环境问题的集中爆发，公众的日常生活及健康受到严重影响。本书认为中国目前各类化石能源产品的环境外部成本发生了很大变化。对此，参考了 Parry 等[10]的最新研究计算结果。Parry 等详细地估算了 150 多个国家煤炭、成品油、天然气的外部成本[①]，其中中国的煤炭、天然气、汽油、柴油的环境外部成本分别为 15 美元/GJ、3.2 美元/GJ、16.5 美元/GJ、15.3 美元/GJ(图 2-5)。

---

① 为避免重复计算，Parry 等认为电力消费不产生外部成本。

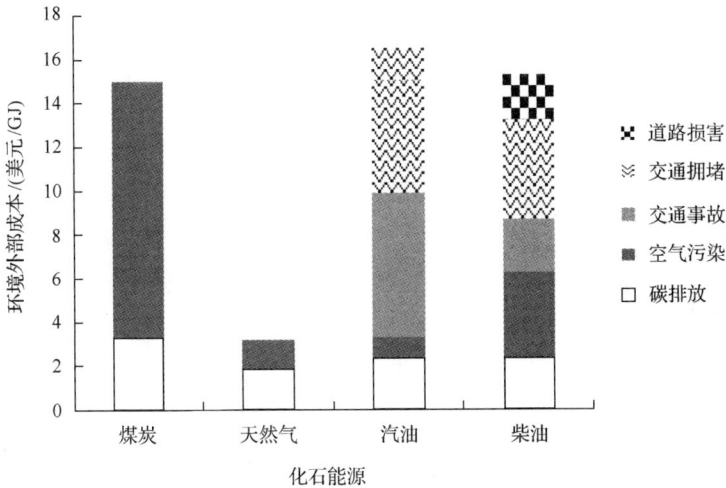

图 2-5　中国化石能源的环境外部成本

　　从图 2-5 可以看出,煤炭和天然气的环境外部成本主要包括碳排放成本及空气污染成本,其中空气污染成本主要包括 SO_2、氮氧化物和 PM2.5 3 种污染物产生的污染成本。煤炭燃烧产生的空气污染成本约为 11.7 美元/GJ,其中 SO_2 和 PM2.5 的污染成本分别占空气污染总成本的 54%和 38%;相对而言,天然气产生的空气污染物相对较少,其空气污染成本仅为 1.3 美元/GJ;而汽油和柴油的环境外部成本除考虑碳排放成本及空气污染成本外,还考虑了交通拥堵、交通事故产生的外部成本。除此之外,柴油还需额外考虑重型车辆的道路损害成本。结合 Parry 等[10]计算的中国化石能源单位环境外部成本,可以估算出 2015年中国包含环境外部成本的化石能源补贴规模(表 2-4)。

表 2-4　2015 年中国包含环境外部成本的化石能源补贴规模

化石能源	单位外部成本	外部总成本/亿元	总补贴额/亿元	占总补贴的比重/%	占 GDP 的比重/%
煤炭	2738.80 元/t	74188.28	74188.28	86.06	10.96
天然气	0.78 元/m³	1498.39	2084.37	2.42	0.31
汽油	4755.98 元/t	5098.70	4148.87	4.81	0.61
柴油	3736.50 元/t	6463.74	4427.01	5.14	0.65
成品油	—	11562.44	8575.88	9.95	1.27
电力	—	—	1353.17	1.57	0.20
合计	—	87249.11	86201.70	100.00	12.73

表 2-4 表明，在综合考虑化石能源的各类环境外部成本的情景下，2015年，中国化石能源补贴规模高达 86201.69 亿元，占当年 GDP 的 12.73%。与不考虑外部成本的情景相比（表 2-2），煤炭燃烧产生的大量外部成本使煤炭从无补贴转为补贴量高达 74188.28 亿元，占总补贴规模的 86.06%[①]。即使中国从 2013 年开始煤炭价格已经完全市场化，但煤炭所产生的环境污染和健康外部成本并没有体现在目前的煤炭定价机制中，目前煤炭定价机制中的环境税费仅为 30～55 元/t，其中消费侧排污费仅为 5 元/t 左右。除此之外，成品油补贴规模也大幅增加，其增幅仅次于煤炭补贴，而相对清洁的天然气即使在考虑环境外部成本的情景下，补贴总额增加并不大。

同样地，本书进一步估算 2013～2015 年包含环境外部成本的中国化石能源补贴规模（图 2-6），考察化石能源补贴规模的动态变化。从图 2-6 可以看出，在包含环境外部成本的情景下，中国化石能源补贴规模也是逐年下降的，2015年化石能源补贴规模比 2013 年降低了 8586 亿元。其中，由于煤炭消费量的减少，煤炭补贴规模减少了 4161 亿元。

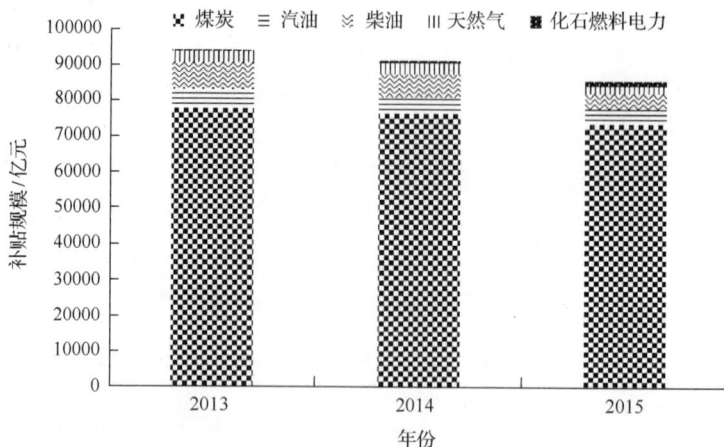

图 2-6　包含环境外部成本的中国化石能源补贴规模变化

---

① 2014 年环境保护部环境规划研究院与美国能源基金会联合发布的《煤炭环境外部成本核算及内部化方案研究》中采用全生命周期法计算的中国煤炭外部成本为 204.76 元/t，这与 Parry 等所估算的煤炭外部成本差异较大。客观而言，前者的估算偏保守，如其对健康损失采用人力资本法而非支付意愿法导致估算损失偏低。本书认为 Parry 等的估算结果偏高，但为保持各类能源品种外部成本估算方法的一致性，本书仍采用 Parry 等的估算结果。

2.2　有效能源补贴的再定义

G20 领导人曾在 G20 匹兹堡峰会时号召国际能源署、经济合作与发展组织(Organization for Economic Co-operation and Development，OECD)、国际货币基金组织(International Monetary Fund，IMF)、世界银行集团(World Bank)、石油输出国组织提供了一个分析化石能源补贴的框架并给出了相应的取消化石能源补贴的建议。事实上，这些国际机构也在持续关注化石能源补贴，尤其是国际能源署和国际货币基金组织多年来持续估计了全球化石能源补贴规模。但是，各机构间采取的估算方法不同，导致计算的化石能源补贴规模相差很大。例如，国际能源署利用价差法估算的 2013 年全球化石能源补贴为 5320 亿美元，而国际货币基金组织在考虑环境外部成本的情形下估算的 2013 年全球化石能源补贴高达 4.9 万亿美元。各机构间化石能源补贴估算方法的差异，给化石能源补贴研究带来了许多阻碍，究其原因是国际社会对"有效能源补贴"没有一个共同的定义。

2.2.1　有效能源补贴的含义

过去的能源补贴定义在于"经济价格"与"现行价格"之差。现实中"经济价格"由于市场扭曲而难以观察，所以通常采用影子价格、支付意愿等作为替代。因此同一个能源品种的补贴，估计出来的补贴数字通常差异比较大。尤其是"经济价格"中是否考虑能源稀缺和环境外部成本，对估算的补贴规模影响很大。从 2.1.4 节的估算结果可以看到：从财务意义上讲，2015 年中国化石能源补贴已经取消，而一旦考虑环境外部成本，中国化石能源补贴规模将激增至 86201.69 亿元。但是，如果考虑完全取消包含环境外部成本的补贴，占 GDP 12.90%的巨额补贴规模对中国来说现实意义并不大。

事实上，任何一个国家的能源发展通常需要支持 3 个可能互相矛盾的基本目标：支持经济增长、提供能源普遍服务和保障环境可持续。不同国家，由于资源禀赋、社会制度、政策理念等不同，会侧重不同的目标。同一国家政府，在不同的经济发展阶段，也需要强调或偏向某个能源目标，采用不同的能源补贴方式和补贴程度。例如，在一个国家的发展初期，政府可能更注重能源支持经济增长和提供能源普遍服务的目标，而忽略保障环境可持续的目标，具体的表现就是通过能源补贴压低能源及相关环境外部成本；而经济发展进入比较高收入的阶段，开始关注保障环境可持续的目标，此时会进行能源价格改革，提高能源和环境外部成本，逐步退出化石能源补贴。

因此，现实中各国政府通过价财税体系来平衡能源的三大目标。如果政府能够知道并且能全面考虑到经济社会的各种目标和约束（包括支持经济增长、提供能源普遍服务及保障环境可持续三大目标），制定出一个平衡三大目标的最优价财税体系，求解出一个平衡三大目标的"最优价格"，这个"最优价格"里包含有效能源补贴，即"经济价格"和"最优价格"之间的部分（图 2-7 所示的灰色阴影部分）。有效能源补贴以外的补贴部分就是无效能源补贴（图 2-7 所示的黑色阴影部分），这是应该努力取消的。

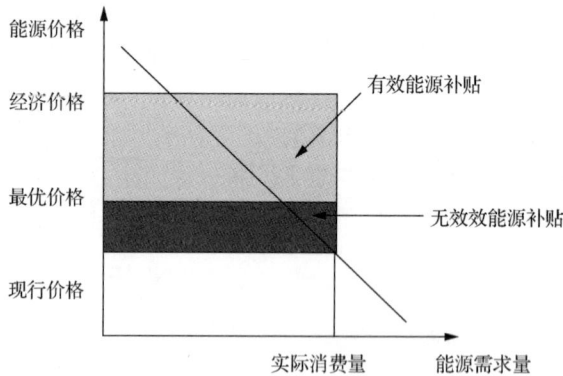

图 2-7　有效能源补贴示意图

由于市场存在扭曲，"最优价格"是政府"自以为是"的最优。一般而言，发达国家市场化水平比较高，其"最优价格"比较接近理论上的最优。而发展中国家市场化水平比较低，竞争更不充分，市场扭曲会使得"最优价格"可能远离最优。

因此，就提出了如何更加接近最优的问题，也就是政府如何参与能源市场和如何设计最优价税财体系问题。一般来说，政府可以通过价税财体系设计来平衡能源的三大基本目标。具体地说，就是采用能源定价方式和能源补贴方式及不同的补贴程度来平衡能源的三大基本目标。发达国家一般采用能源市场定价，政府充分利用财税（补贴）进行能源干预和价格监管。而发展中国家一般采用成本加成定价，直接将价格压制在市场价格之下，通过定价对能源进行补贴，压低能源作为要素投入的价格。

如果有效能源补贴可以确立能源补贴存在的合理性，也就决定了发展中国家允许的能源补贴一般会比发达国家高得多。这样，想要得出一个全球性的退出能源补贴机制是有困难的，包括各国对能源补贴的定义和衡量能源补贴的幅度的认定也是有困难的。从一开始对能源补贴的争议，将影响最终退出能源补贴的成效。

2.2.2　如何解决有效能源补贴的有效性问题

一个国家的能源发展通常需要支持 3 个可能是互相矛盾的基本目标，包括支持经济增长、提供能源普遍服务和保障环境可持续。各国政府通过价税财体系来平衡能源的三大目标。因此，最优政府价税财体系可以定义为通过一定时期的价税财体系设计，使得三大目标的综合福利最大化或者成本最小化。因此，最优政府价税财体系包含一个有效能源补贴。

有效能源补贴具有实践意义：第一，有效能源补贴确立了能源补贴存在的合理性。政府通过改革而退出的能源补贴，基本上属于无效补贴，因此，推崇能源价格改革，减少补贴与有效能源补贴的存在没有矛盾。第二，通过改革使得补贴更加有效，也是确立有效能源补贴的重要手段。提高补贴的有效性主要是针对补贴设计的不合理，还有有效能源补贴的动态性。例如，补贴的边际效益是递减的，而且随着人们收入提高或技术进步会使成本降低，所需要的补贴可以逐步减少。因此，即使是有效能源补贴，也需要有一个逐步退出的过程。

以往中国政府采用的成本加成定价法可能导致有效能源补贴无效化。一般来说，政府采用的成本加成定价的基本公式是价格=供应成本+合理回报，其主要有 3 个方面的问题：①不是市场供需决定的价格，导致能源市场价格扭曲，无法最优配置资源；②无法真正反映能源资源稀缺和环境外部成本；③支持能源不公平和低效利用。现实中，成本加成定价的最大问题是公平和效率问题。富裕群体的人均能源消费量远大于贫困群体，成本加成定价背景下的无歧视的低能源价格的补贴，导致了能源补贴大部分补贴了富人，而富人对能源价格的不敏感性又导致了能源低效利用。

因此，政府需要通过改革，以正确方式参与能源市场，具体做法如下：改革政府成本加成定价，采用能源市场化定价，通过价税财(补贴)体系设计干预能源市场。同时，将政府干预范围主要限定在重要的公用事业、公益性服务、网络型自然垄断环节，提高补贴机制的透明度和接受社会监督的可行性。

所以，中国今后能源价格改革的路径是政府尽可能不直接进行能源定价，而是用价税财手段参与能源市场，放开竞争性环节，能源价格可以与能源补贴共存，能源补贴的设计需要透明、有针对性并且公平有效。透明合理的能源补贴设计一定有利于今后能源补贴的逐步退出。

通过对能源补贴研究的回顾可以发现：①由于没有对能源补贴的定义进行讨论，无法解释为什么能源补贴普遍存在、不同国家能源补贴的差异性及为什么难以退出补贴；②现有对能源补贴的研究比较有限，而且多是偏向于对补贴规模进行估计和分析取消补贴的影响方面的研究，没有约束下的最优能源补贴规模估计的研究；③缺乏对能源补贴机制本身的研究，研究往往停留在证明能源（电力）补贴存在穷人补贴富人的现象，以及"有针对性的补贴"如何缓解这种情况；④没有考虑到在微观层面上如何让企业和个人"面临正确的激励"这一至关重要的因素在能源补贴机制设计中的作用。

如果理论上确实存在一个最优价税财体系和有效能源补贴，目前系统性研究能源补贴至少需要包括 3 个方面：①以能源三大目标作为约束条件，估计最优能源补贴规模；②将有效能源补贴合理有效地"分发"到各个收入群体，就是做好补贴设计，通过有目标和透明的能源补贴，使能源补贴的收益最大化，同时兼顾补贴的效率和公平；③如何将有效能源补贴纳入微观层面，让企业和个人"面临正确的激励"。

2.3　有效能源补贴的最优规模：基于平衡"能源三角"的视角

如果能够计算得到有效能源补贴，那么就可以通过政策设计退出剩下的能源补贴，即无效能源补贴。但是，如何量化目标函数和约束条件是一个相当复杂和动态的过程。因此，现实中求解理论上存在的"最优价格"和有效能源补贴具有一定困难。

对此，利用节能供给曲线(supply curve of conserved energy 或 conservation supply curve)框架下的最优节能量作为约束条件，计算中国各类化石能源产品的"最优价格"，近似求解出有效能源补贴。

2.3.1　"能源三角"的约束条件——节能供给曲线

节能供给曲线框架下的最优节能量意味着在满足能源需求的前提下，在传统的能源平衡"供给=需求"中引入经济可行的节能措施，使能源平衡转为"供给+节能=需求"。通过节能供给曲线计算获得的最优节能量是理性节能投资决策下所能达到的最大能源节约量，最大限度地能源节约量意味着在保障全社会能源有效供应的前提下最大程度地支持环境可持续发展。也就是说，以节能供给曲线框架下的最优节能量作为约束条件，至少可以满足提供能源普遍服务和保障环境可持续两大能源发展目标。同时，理性节能投资决策下的节能活动也会创造新的经济增长点，甚至可能促进经济增长[11,12]。因此，本书认为，该约束条件可以近似求解平衡三大能源目标下的有效能源补贴。

计算目前中国的节能供给曲线及最优节能量。典型的节能主要指进行特定投资以促进更低的能源投入成本。在投资时，投资者通常面临一系列的可选节能方案，需要根据资金状况和能源价格对这些方案进行排序以判断哪些在财务上是可行的。分析时需要根据不同的投资模型对各种因素加以分析，进行决策，但这些模型都有自己的分析优点和缺点。例如，最简单的投资回报模型会考虑到投资的回收期，但却忽略了投资回收后的收益，以至于具有长期收益的投资看起来并不会比只有短期使用期限的投资更具吸引力，并且在进行决策分析时，一般假定能源价格是确定的，一旦能源价格发生变化，分析结果又会相应地改变，因此，在进行节能投资决策时必须要充分考虑这些因素。在构建节能供给曲线时，需要测度每一种节能措施的节能成本(cost of conserved energy，CCE)。将节能投资在该投资的生命周期内进行均摊，投资收益即为每年节约的能源。用平均在每年的节能投资除以平均每年节约的能源量便得到节能成本：

$$CCE = \left(\frac{I}{\Delta E}\right) \times \left[\frac{\delta}{1-(1+\delta)^{-n}}\right] \tag{2-5}$$

式中，I 为节能措施的总投资成本；ΔE 为每年节约的能源量；δ 为实际折现率；n 为该措施的生命周期。例如，对于一个电器，有两个能耗标准，其中低能耗的电器比高能耗的电器贵 600 元，但每年可以节约用电 400kW·h。假设该电器可使用 10 年，当折现率为 5%时，选择低能耗电器的节能成本为

$$CCE = (600/400) \times [0.05/(1-1.05^{-10})] = 0.2 \tag{2-6}$$

即该电器的节能成本为 0.2 元，比当前的电价要低许多。如果将一系列节能措施的 CCE 进行排序，则最低 CCE 的方案将是经济上最可行的。

如图 2-8 所示，每一个台阶代表着某一种节能措施的 CCE，其在横轴方向的长度则代表其可能的节能数量。将一系列节能措施的 CCE 由低到高进行排序即可得到完整的节能供给曲线。图中的虚线表示能源价格，即处于能源价格水平以下的节能措施在经济上是可行的。

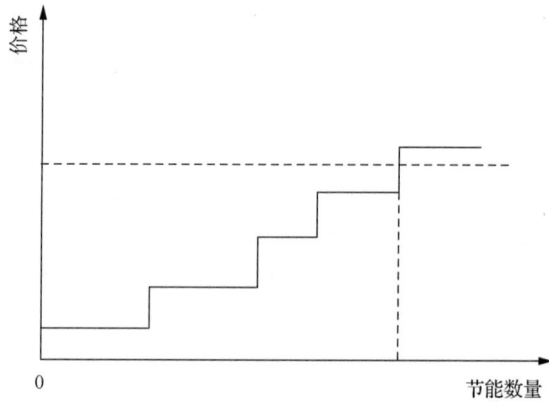

图 2-8　节能供给曲线示意图

为加快节能技术的进步和推广，引导用能单位采用先进适用的节能新技术、新装备、新工艺，促进能源、资源节约集约利用，缓解资源环境压力，国家发展和改革委员会近年来不断更新《国家重点节能低碳技术推广目录》。因此，对于中国节能供给曲线的构建，本书参考林伯强和李江龙[13]的研究，根据国家发展和改革委员会编制的《国家重点节能低碳技术推广目录(2015年本，节能部分)》，提取涉及煤炭、电力、钢铁等 13 个行业在内的 266 项重点节能技术的总投资成本和预计节能数量进行计算，提取了各技术"未来 5年的预计总投入(万元)"和"未来 5 年的预计节能能力(万吨标准煤/年)"。折旧率参考金戈的研究，取 9.2%。折旧年限为 20 年，计算得到的中国节能供给曲线如图 2-9 所示。

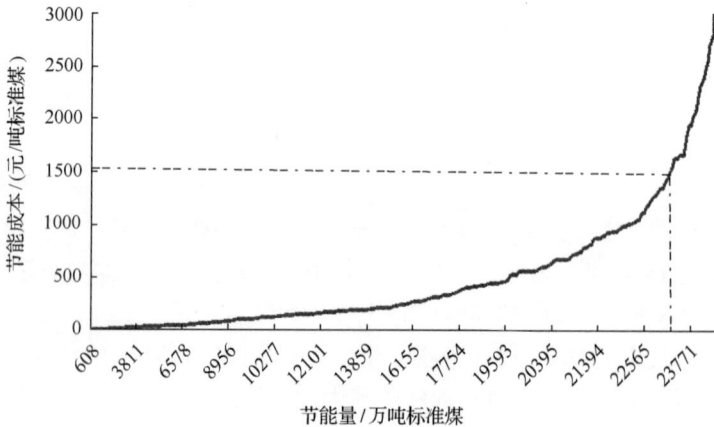

图 2-9　中国节能供给曲线

根据一次能源消费品种的权重和消费价格计算出 2015 年的综合能源价格为 1533.5 元/吨标准煤，即能源供应成本。如图 2-9 所示，中国目前的最优节能量为 2.30 亿吨标准煤。

2.3.2　中国有效能源补贴与价格

2015 年，中国能源消费总量为 43 亿吨标准煤，在考虑实现最优节能量 2.30 亿吨标准煤的约束下，即可根据各类化石能源产品的价格弹性近似求解出"最优价格"，见表 2-5[①]。

表 2-5　2015 年中国化石能源的有效能源补贴价格

化石能源	行业	价格弹性	现行价格	最优价格	经济价格(含外部成本)
汽油/(元/t)	工业	−0.193	8039.08	10263.08	11682.59
	交通	−0.269	8039.08	9634.74	11891.60
	居民	−0.230	8039.08	9905.30	12020.23
柴油/(元/t)	工业	−0.193	6522.83	8327.36	8923.09
	交通	−0.269	6522.83	7817.53	9092.66
	居民	−0.230	6522.83	8037.07	9197.01
天然气/(元/m³)	工业	−0.584	3.72	4.06	4.53
	居民	0.310	2.58	3.03	4.58
	公共服务业	−0.447	3.63	4.06	4.57
电力/[(元/1000(kW·h)]	居民	−0.158	541.50	724.49	1210.56
	农业	−0.460	581.84	649.37	746.49
	工商业	−0.600	781.70	—	703.68
煤炭/(元/吨标准煤)	电煤	−0.529	632.84	696.72	3328.64

结合表 2-5 与各行业化石能源产品消费量可以得到各类化石能源产品的有效能源补贴和无效能源补贴规模，见表 2-6[②]。2015 年，中国化石能源的有效能源补贴和无效能源补贴分别为 81665.6 亿元、8219.0 亿元。也就是说，目前政府可以通过价格机制改革和清洁发展，尽可能退出约 8000 亿元的能源补贴。即使考虑到保障居民和农村人群能源服务的需要，将居民和农业的能源补贴均视为有效能源补贴，2015 年，中国化石能源的无效能源补贴仍高达 6054 亿元。

此外煤炭的有效能源补贴和无效能源补贴分别为 72419.5 亿元、1768.8 亿

---

① 各类化石能源产品价格弹性引用自姚昕等[9]的研究。

② 中国电力行业存在着交叉补贴，工商业实际用电价高于经济价格，因此表 2-6 中计算的电力补贴不包括工商业电力补贴。

元[①]。虽然煤炭的使用包含很高的环境外部成本,但中国以煤炭为主的能源结构在短期内是难以改变的,为了保障能源有效供应及支持经济发展,中国仍需消费相当数量的煤炭。在煤炭已经市场化和目前煤炭企业整体亏损的前提下,政府可以通过清洁发展和煤炭替代减少煤炭消费,从而进一步减少补贴。

表2-6　　2015年中国化石能源的有效能源补贴估计　　(单位:亿元)

化石能源	有效能源补贴	无效能源补贴
汽油	2261.6	1887.3
柴油	1996.6	2430.4
天然气	1352.2	732.2
电力	3635.7	1400.3
煤炭	72419.5	1768.8
合计	81665.6	8219.0

为了考察有效能源补贴规模的动态变化,本书将同样利用节能供给曲线框架下的最优节能量作为约束条件,计算出2014年的最优节能量,进而近似求解出化石能源的有效能源补贴规模。从图2-10可以看出,2015年化石能源的有效能源补贴规模比2014年下降了6698亿元。这也印证了有效能源补贴的动态性,即随着节能技术的进步,中国所需要的有效能源补贴在逐步退出。

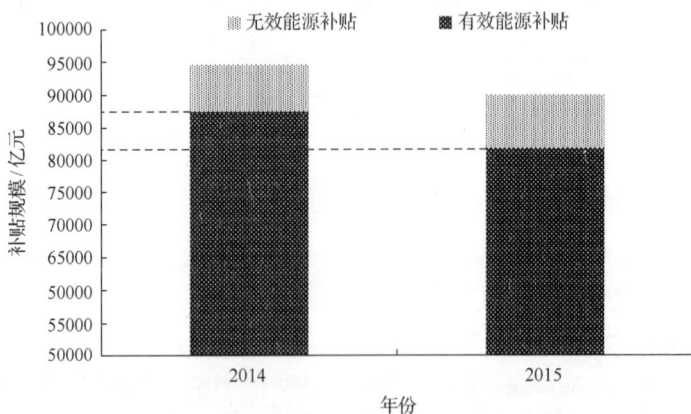

图2-10　　中国化石能源的有效能源补贴规模变化

① 煤炭有效能源补贴规模大小与单位外部成本的选取有很大关系。有效能源补贴规模是经济价格(包含外部成本)与最优价格之间的差异部分,目前许多机构对中国煤炭单位外部成本的核算结果差异较大。本书引用Parry等估算的煤炭单位外部成本(2738.80元/吨标准煤),计算出的煤炭经济价格很高,煤炭有效能源补贴规模相应也比较大。如果此处我们采用环境保护部环境规划研究院与美国能源基金会核算的煤炭单位外部成本(204.76元/吨标准煤),煤炭的有效能源补贴则为3877亿元,无效能源补贴仍为1768.8亿元。

2.4　结论和政策建议

中国自改革开放以来，政府用较低的能源和环境成本换来了快速的经济增长和普遍的能源服务，但同时也付出了巨大的环境代价。政府要开始治理环境就必须通过改革逐渐退出化石能源补贴，提高能源成本。自 2005 年以来，中国政府出台了多项化石能源补贴改革措施。尤其是 2009 年 G20 匹兹堡峰会后，中国化石能源补贴改革明显加速，并在各个能源领域全面铺开。

结合历年中国化石能源补贴的改革历程，本书利用价差法，分别从财务成本、环境外部成本的角度估算了 2013～2015 年的中国化石能源补贴规模，考察了化石能源补贴的动态变化，并进一步提出了有效能源补贴的概念，结合节能供给曲线估算中国化石能源的有效能源价格和补贴。本书的主要研究结论如下。

第一，得益于能源价格大幅下跌和能源需求增速减缓，以及能源价格机制改革的有效推进，中国化石能源补贴近年来大幅削减。以成品油为例，2013～2015 年，成品油价格下降、定价机制改革及消费量增加对成品油补贴规模的贡献率分别为 10.26%、90.48%和–0.75%。2013～2015 年，中国化石能源补贴规模从 3834.50 亿元下降至–1047.41 亿元，至 2015 年财务意义上的补贴已经退出。随着 2013 年中国成品油定价机制的进一步完善及国际原油价格持续低迷，成品油补贴规模逐年下降，甚至出现了负补贴的情况；随着 2013 年政府开始实施密集的天然气补贴改革措施，天然气补贴规模 3 年内削减了 1377 亿元，其中工业商业部门的天然气补贴已基本取消。

第二，中国居民部门电力和天然气交叉补贴现象仍然严重。与欧美等发达国家相比，中国居民用电价格长期低于工业用电价格。2001～2015 年，中国工业部门电价上涨近 50%，而居民部门销售电价仅提升 15%左右。与此同时，城市化进程中居民电力消费量持续增长，这使得居民电力交叉补贴居高不下。即使政府已实施居民阶梯电价政策，但 2015 年，中国居民部门交叉补贴仍高达 4868.10 亿元，工业部门则付出了 3069.95 亿元的收益补贴予以补贴居民和农业部门；同时天然气价格改革并未涉及居民部门，居民用气价格仍远低于工业用气价格，2015 年居民部门天然气补贴量高达 474.50 亿元，占天然气总补贴份额的 81%。

第三，居民部门化石能源补贴规模整体有所削减，近两年来在价格基本不变但消费量增长的前提下，削减幅度并不大。2013～2015 年，居民部门补贴规模仅减少了 349 亿元。即使居民天然气消费量逐年增加，但由于居民阶梯气价的实施及居民气价上调，居民部门用气补贴量削减了 125 亿元。同时，中国成品油定价机制的进一步完善及成品油价格的持续低迷使居民部门的成品油补贴大幅削减。但居民电力消费的补贴没有得到解决，而居民电力消费量不断增加使得居民电力交叉补贴量有所上升，导致居民部门化石能源补贴规模总量削减幅度并不大。

第四，在考虑环境外部成本的情景下，煤炭使用导致的能源补贴量仍然很大。即使中国在 2013 年已经完成了煤炭价格的完全市场化，但煤炭所产生的环境污染和健康外部成本并没有体现在目前的煤炭定价机制中。由于煤炭消费量的减少，2015 年煤炭产生的环境外部成本比 2013 年减少了 4161 亿元。然而，中国以煤炭为主的能源消费结构短期内难以改变，煤炭使用产生的碳排放及空气污染仍带来了高昂的环境外部成本，政府需要通过清洁发展和煤炭替代来进一步减少煤炭环境外部成本导致的补贴。

第五，在能源平衡公式"供给+节能=需求"的基础上，利用节能供给曲线，可以计算各类化石能源产品的"最优价格"，近似求解有效能源补贴。2015年化石能源的有效能源补贴规模比 2014 年下降了 6698 亿元，而无效能源补贴仍高达约 8000 亿元。即使考虑到保障居民和农村人群能源服务的需要，将居民和农业的能源补贴均视为有效能源补贴，2015 年中国化石能源的无效能源补贴仍高达 6054 亿元。因此，政府需要通过清洁发展和能源价格改革，进一步减少化石能源补贴。

第六，近年来能源补贴减少很大程度上得益于能源价格大幅度下跌和能源需求增速减缓。因此，能源需求和价格反弹将导致能源补贴反弹，政府需要把握改革时机，推进能源价格机制的市场化改革，尽可能锁定近年来减少化石能源补贴取得的成果，防止能源补贴反弹，主要包括解决居民交叉补贴和减少环境外部成本。现阶段能源供大于求和低能源价格有益于能源改革，能源改革(尤其是其中更为敏感的能源价格改革)有两个基本前提条件：一是能源供需必须宽松，因为政府很难在能源短缺的时候进行改革，这个时候满足能源需求是首要任务，效率是其次，而改革是为了提高效率，满足需求可以没有改革。二是能源价格必须是稳定的或者是下行的。因为能源价格改革的最大阻碍在于改革后价格可能上涨，从而影响经济增长和社会稳定。例如，在低能源价格的背景下进行居民交叉补贴相关的价格机制改革，如果改革不导致价格上涨，无非只是改变以前不完善的定价方式，价格不变甚至降价，改革必然受到居民的欢迎。因为相对而言，消费者更关心的是改革是否导致价格上涨，而不是政府以何种方式定价。此外，在低能源价格时进行改革，可以最小化改革对经济增长和社会稳定的影响。

　　第七，中国化石能源补贴将依然存在(含环境外部成本)。从政府角度而言，一方面需要促进清洁发展和煤炭替代、改革能源价格机制和推动能源体制市场化，减少补贴；另一方面需要通过建立透明有效的价格机制，算清补贴账。从学术界角度而言，未来中国化石能源补贴研究还可以继续延伸两个方面的问题，一是深入研究平衡能源三大目标的最优价财税体系，二是如何将有效能源补贴合理有效地"分发"到各个收入群体，做好补贴设计，通过有目标和透明的能源补贴，最大化能源补贴的收益，同时兼顾补贴的效率和公平。

参 考 文 献

[1] Corden W M. The calculation of the cost of protection. Economic Record, 1957, 33(64): 29-51.

[2] Organization for Economic Co-operation and Development. Environmental effects of liberalizing fossil fuels trade: results from the OECD GREEN model, 2000.

[3] Koplow D, Martin A. Fueling Global Warming: federal subsidies to oil in the United States. Industrial Economics, Incorporated 2067 Massachusetts Avenue Cambridge, 1988.

[4] Koplow D. Measuring energy subsidies using the price gap approach: what does it leave out? Global Subsidies Initiative of the International Institute for Sustainable Development. Ssrn Electronic Journal, 2009.

[5] Lin B Q, Jiang Z J. Estimates of energy subsidies in China and impact of energy subsidy reform. Energy Economics, 2011, 33(2): 273-283.

[6] Lin B Q, Liu C, Lin L. The effect of China's natural gas pricing Reform. Emerging Markets Finance and Trade, 2015, 51(4): 812-825.

[7] Ang B W, Zhang F Q, Choi K H. Factorizing changes in energy and environmental indicators through decomposition. Energy, 1998, 23(6): 89-495.

[8] Chung II S, Rhee H C. A residual-free decomposition of the sources of carbon dioxide emissions: a case of the Korean industries. Energy, 2001, 26(1): 15-30.

[9] 姚昕, 蒋竺均, 刘江华. 改革化石能源补贴可以支持清洁能源发展. 金融研究, 2011(3): 184-197.

[10] Parry L W H, Heine D, Lis E, et al. Getting Energy Prices Right: from Principle to Practice. Washington: International Monetary Fund, 2014.

[11] 陆旸. 中国的绿色政策与就业: 存在双重红利吗? 经济研究, 2011(7): 42-54.

[12] 陈诗一. 节能减排与中国工业的双赢发展: 2009—2049.经济研究, 2010, 45(3): 129-143.

[13] 林伯强, 李江龙. 环境治理约束下的中国能源结构转变——基于煤炭和二氧化碳峰值的分析. 中国社会科学, 2015(9): 84-107, 205.

第3章 公平合理的补贴机制设计

3.1 重新设计能源补贴机制的必要性分析

改革开放以来,中国经济取得了举世瞩目的成就。GDP 从 1978 年的 3645 亿元人民币增长到 2013 年的 568845 亿元人民币,36 年间增加到原来的 36 倍,年均增长速度高达 15.5%。中国的 GDP 已在 2010 年超越日本,成为全球第二大经济体。

为了支持经济的高速增长,长期以来中国政府一直采用高投入、高消耗、高污染的粗放型经济增长方式,为此付出了巨大的能源代价。一方面,中国能源的对外依存度开始上升,能源安全问题日益严重;另一方面,中国的能源利用效率低下,能源浪费现象较为严重。从能源强度来看,中国与发达国家有不小的差距,甚至落后于巴西、印度等同处于快速发展的经济体。以 2009 年为例,中国 1 亿美元 GDP 约消耗能源 462.88t 油当量,能耗强度是日本的 4.5 倍、德国的 5.4 倍、美国的 2.9 倍、巴西的 3.3 倍,甚至是印度的 1.3 倍。

巨大的能源消费和以煤炭为主的能源消费结构直接导致了中国的 CO_2 排放量的激增。根据美国能源部二氧化碳信息分析中心的计算和估计结果,中国内地的 CO_2 排放总量从 1978 年的 14.6 亿 t 迅速增长到 2012 年的 96.2 亿 t,年均增速达 5.5%。2000 年之前,中国的 CO_2 排放量增长相对缓慢,与美国相比还有不少差距,但 2000 年之后排放量急剧增长,并在 2006 年超过了美国,成为世界最大的 CO_2 排放国。全球碳计划组织的相关数据显示,2013 年,中国的碳排放总量全球占比为 29%,美国的碳排放总量全球占比为 15%,欧盟的碳排放总量全球占比为 10%,即中国的碳排放总量已经超过美国和欧盟的总和。

随着全球各国对资源、环境、气候变化等问题的日渐关注及世界经济格局的不断变化,处于城市化、工业化加快发展阶段的中国现如今面临着比发达国家发展同时期更严峻的能源和环境问题。当今中国经济增长、能源稀缺、环境恶化三者之间的矛盾日益深化,其威胁着社会的可持续发展。目前雾霾等环境问题日益严重,急需中国改变能源结构和调整能源供需,而这一切的关键则在于能源价格(补贴)改革,即通过能源改革发挥价格、税收、补贴等的激励和导向作用。从效率的角度来看,通过能源价格改革,将资源稀缺成本和环境外部成本反映在能源价格上,可以有效引导市场供需、提高消费侧的利用效率、增强清洁能源的竞争力。从公平的角度来看,治理雾霾应该遵循"谁污染,谁治理,谁买单"原则,但现实中很难严格界定"谁污染"并进行有效定价,如公众可能对于看不见的煤炭排放缺乏可能支付的意愿。行政措施而非人为压低能源价格的做法,需要动用财政补贴能源企业,其结果是用"穷人"的钱补贴"富人",与公平背道而驰。因此,需要通过能源价格改革,建立公平有效的成本分摊机制。

3.1.1　中国能源定价的现有问题

一直以来,中国政府通过成本加成定价的方式参与能源市场。在经济发展的初期和能源需求快速增长期,成本加成定价有其实用性,但是随着能源市场化改革,能源稀缺压力加大,环境治理迫切,传统的成本加成定价由于无法正确、及时反映市场供需关系,既扭转了市场,也日益成为能源和环境可持续发展的障碍。

能源的政府定价存在许多问题。首先,只要是政府定价,提价就常会被理解为政府在涨价而不是市场在涨价,因此涨价是政府不愿做的事,这导致能源价格长期低于供应成本;其次,政府常常很难向公众解释"能源紧缺时价格要涨,能源过剩时价格也要涨"的情况。因此,定价机制很重要,没有明确的定价机制,价格的风险预期就不明确,能源企业就必须进行博弈,甚至是与政府博弈、与消费者博弈。为了不让价格博弈影响经济运行和社会稳定,政府需要通过改革建立合理透明的价格机制,并且尊重价格机制。

如果市场定价,显然不涉及"透明"问题。如果还是采用政府定价,定价机制的"透明"很重要。传统的政府成本加成定价的主要问题之一就是"不透明"。由于生产商之间生产条件存在差异,生产成本难以用统一的标准衡量,而且生产商有做大成本的动力,生产商收益"合理"与否同样难以确定。保障资源性产品供应,需要在定价中体现出对勘探开发的鼓励,但是,事实上很难确认未来勘探开发的风险和收益。

缺乏透明合理的定价机制的核心问题是能源企业市场化运行和投资都充满不确定性,导致企业发展缺乏有效的战略规划。如果没有透明的价格机制,能源价格调与不调,常常是博弈过程,政府在博弈中的反复权衡往往会使决策滞后,造成经济社会损失。即使政府的能源成本加成定价在经济快速发展阶段有其必要性，但是政府现阶段经济发展的重心已经改变，经济转型和环境治理需要市场化的能源价格，也需要市场化的能源企业。政府可以利用目前能源供需比较宽松(主要是煤炭供需宽松)的时机，尽快进行能源领域改革(包括能源体制和能源价格改革)，改变参与能源市场的方式，从直接定价参与改变为通过财税和补贴参与，通过能源价格改革和价格机制设计来实现公平和效率的平衡。

3.1.2　能源价格改革的同时必须辅以公平合理的能源补贴

作为基本(必需品)消费品的电、油和气的价格具有公共事业和公益性服务的意义，其定价政府不会置身事外。在能源价格改革进程中，需要实事求是地考虑这个问题。作为发展中国家，目前中国社会对能源稀缺和环境污染的支付意愿和支付能力比较弱。其结果是，即使价格市场化改革，能源价格也很难大幅度上涨。此外，由于社会稳定对发展的重要性，如果社会稳定可能会因为能源价格上涨而受到影响，那么能源价格改革的幅度和深度也会受到影响。

由于能源供应成本和环境成本日益增长，能源价格改革的结果常常是涨价。而从另一个角度来看，对于发展中国家来说，过快地提高能源价格并不一定会促进节能，反而可能迫使百姓寻找有害于环境的、低效的替代能源。例如，如果百姓用不起电，可能会迫使他们使用更加污染环境的替代能源(如煤炭)，还可能会直接影响他们的劳动生产效率。因此，能源价格上涨是否在百姓的承受能力范围内，是否会影响到他们对能源的基本需求，都是政府在价格机制设计中应当考虑的问题。能源对于中国这样的发展中国家来说，其特殊性在于它既影响稳定又影响发展。

解决上述问题可以通过价格机制设计，在放开竞争性环节能源价格的同时辅以能源补贴。能源价格改革需要考虑实际支付能力，而承受能力是相对于收入而言的，能源价格与国际接轨不等于消费者必须支付相同的市场(国际)价格。而能源补贴同时也是一个社会公平问题，因此，政府对某个消费群体和某个需要鼓励的行业进行补贴是可以接受的，重要的是补贴的设计应当合理、有针对性，并有利于向市场化过渡。

可以预期，在相当长的一段时间内，政府的能源价格干预(定价)可能依然会持续存在，但政府可以采用相对市场化的方式干预能源市场。能源价格改革除了坚定市场化的改革方向外，着重点应该是建立透明合理的能源价格机制，辅之以公平有效的能源补贴设计和严格的成本监管。也就是说，建立透明有效的价格机制不一定必然导致能源价格大幅度上涨，因为在价格机制设计上，政府可以通过税收和补贴来影响价格水平。这样除了可以降低能源价格改革的难度外，还可以有效平衡能源发展的三大目标。

3.2 能源补贴措施优化的实证分析：如何实现效率与公平的双重目标？

与居民生活联系最紧密的居民电力补贴(价格)改革，无疑是诸多能源补贴改革中最敏感的问题。发展中国家政府在制定电价政策时，需要考虑如社会稳定、经济发展等多方面因素，而物价水平整体稳定对居民生活具有重要的意义。因此，对居民电价进行大幅度调整的难度较大。合理设计居民电价补贴机制，一方面应该对居民用电形成节能增效的激励，以提高效率；另一方面则应该让补贴①有目标地流向最需要的群体，以改善公平②。体现效率与公平已成为中国居民电力补贴机制改革的两个重要目标。

2009 年 11 月，国家发展和改革委员会起草了《关于加快推进电价改革的若干意见(征求意见稿)》，首次提出在全国推行居民生活用电阶梯式递增电价(简称阶梯电价)的改革政策。按国家发展和改革委员会要求，居民用电将被分为保证基本生活需求用电、正常家庭生活用电和奢侈型用电三档，并针对每一档制定不同的电价水平，用电越多，电价越高。从理论上来说，阶梯电价比水平定价更符合边际成本定价与反弹性定价的原则，能更好地促进效率并保障公平[1]。2012 年 7 月，居民阶梯电价在除西藏、新疆和港澳台以外的地区正式实施。按国家发展和改革委员会的建议，每个地区当地的电价实施方案可以由各地政府自主确定，但各地公布的方案都不约而同地严格遵照了国家发展和改革委员会的指导意见，即"第一阶电价不变，第二阶电价上涨 0.05 元，第三阶电价上涨 0.3 元"，且"保证 80%的居民用电不涨价"。

尽管居民电力价格改革从酝酿到执行，政府一直保持一种谨慎的态度，经历了将近 3 年的科学论证与充分筹备。但改革的正式执行，仍引起了社会

---

①中国的电价存在交叉补贴，即工业和商业的电力消费价格高于其长期边际成本，而居民、农业等的电价低于其长期边际成本，用工业和商业的收益补贴居民和农村生产性用电等的亏损。

②在以往水平定价的模式下，简单地采用用电量乘以相同电价的计价方法，无疑使得电力消费量大的高收入家庭得到更多的补贴，而真正需要补贴的低收入家庭却享受到不多。

各界对阶梯电价设计方案、改革目的及执行效果的激烈讨论。阶梯电价改革
方案在全国推行以来，公众对改革方案的承受能力和认同程度有待分析，家庭
生活用电方式对新机制的反应尚待论证，完善阶梯电价机制的调整方案还需要
进一步研究。因此，本书利用中国家庭生活能源消费情况实地调研①(China's
household energy consumption survey，CHECS)数据，构建家庭电力消费离散
选择(household electricity consumption discrete choice，HECDC)模型，并采用
价差法评估补贴再分配机制的公平性，验证阶梯电价机制是否实现了提高用
电效率、促进补贴公平的改革。

目前针对居民电力价格机制的研究，尤其是有关中国居民电力的研究，
大多基于宏观统计数据。从现阶段改革的紧迫性与重要性出发，将改革正式
启动半年以来中国城乡居民电力消费的一手数据作为研究基础，对中国居民
电力价格展开的研究，是对基于宏观统计数据的相关研究的一个重要补充。
与基于宏观统计数据的相关研究相比，采用微观家庭实地调研数据的价值在
于以下三点。

第一，实地调研数据能够获得消费者对阶梯电价机制的反馈信息，考察
家庭生活用电方式离散选择问题。

第二，除了价格变量以外，实地调研数据能够捕捉影响家庭决策的其他
微观因素，如家庭行为意向、家庭年收入、家庭成员数量和年龄结构等，这
些将有助于更广泛地研究阶梯电价机制对不同属性家庭用电行为的影响。

第三，实地调研数据对家庭个体的分析更有针对性，有利于比较在不同
价格机制下居民补贴的有效性。近年来，Ndiaye 和 Gabriel[2]，Sanquist 等[3]，
Bernard 等[4]，Wiesmann 等[5]，Zhou 和 Teng[6]等研究居民电力消费的文献也
采用了微观实庭实地调研数据作为数据基础。

3.2.1　影响家庭电力消费方式选择的因素分析

1. HECDC 模型

居民生活用电实施阶梯式递增电价机制，该机制使得家庭电力消费支出
随着电力消费量的增加呈非线性增长，进而通过电力支出的变化为家庭提供
节能动力。该机制令家庭有机会选择更加高效与节能的电力消费方式，减少

①该调研由厦门大学中国能源经济研究中心(Center of China Energy Economics Research, CCEER)开展，
在全国范围针对家庭生活用能情况进行实地问卷调研，涵盖了家庭生活用电支出、交通支出、燃气支出、家
庭收入、家庭人口结构、居住面积及拥有分布式能源情况等数据信息。

无谓浪费，达到尽量控制家庭的电力使用成本的目的。然而，不同家庭面对新的电价机制的节能反馈可能不同，这与家庭对新的电价机制的敏感程度有关。对阶梯电价敏感的家庭会主动选择更加节能的用电方式，而不敏感的家庭则不存在节能反馈。因此，在考虑电力消费方式时，不同家庭选择的结果是一组离散变量。

HECDC 模型基于随机效用模型(random utility model，RUM)理论。家庭在做出电力消费选择时服从的是由两种选择中获得的效用，假设选择节能用电方式的效用为 U_i^1，而不改变用电方式的效用为 U_i^0(其中 i 代表家庭个体)。由于随机效用无法观测，可以观测到的仅是家庭选择的结果，即 1(选择节电方式)和 0(不改变用电习惯)。显然，如果不可观测的 $U_i^1 > U_i^0$，即对应于观测值为 1；相反，如果不可观测的 $U_i^1 \leqslant U_i^0$，即对应于观测值为 0。进一步假设家庭对电力消费偏好有完好的定义，则对家庭用电行为的选择可以看做是家庭间接效用函数(V_{im}^*)最大化条件的结果，效用最大化问题的解可以表示为

$$V_i = \arctan \max(V_{i0}^*, V_{i1}^*) \tag{3-1}$$

其中，V_i 的取值为{0, 1}。当模型存在随机项时，随机效用模型可以推导出每种决策被选择的概率。同时，Börsch-Supan[7]指出，若离散选择是按照随机效用最大化而进行的，随机项服从 Logistic 分布的假设，二元选择模型更适合采用 Logit 模型。受阶梯电价机制影响，家庭个体 i 选择节能用电行为的概率为 p_i，Wang 等[8]指出它是由一系列解释变量构成的非线性函数。根据 Wang 等[8]的研究，HECDC 模型可以表示为以下形式：

$$Y = \alpha + \gamma I + \lambda P + \sum \theta_n B_n + \sum \beta_k H_k + \sum \eta_m Z_m + \varepsilon \tag{3-2}$$

式中，$Y = \ln\left(\dfrac{p_i}{1 - p_i}\right)$，为潜在变量(latent variable)；$\alpha$、$\gamma$、$\lambda$、$\theta$、$\beta$、$\eta$ 为对应各参数的回归系数；ε 为白噪声。若 $Y > 0$，则 $V_i = 1$，即家庭选择节能用电方式；若 $Y \leqslant 0$，则 $V_i = 0$，即家庭不具有节电反馈。CHECS 2013 年 1 月的问卷中涉及"执行阶梯电价后，家庭是否会更注意选择节能的电力消费方式，减少浪费"，选项中"是"和"否"分别代表了 V_i 的取值为 1 和 0 的情况。

解释变量中，I 为家庭收入状况，采用 CHECS 收集的"家庭年可支配收入"数据，单位为万元。P 为价格因素，采用电力与替代能源的相对价格指

标，即取当地居民电价与民用天然气价格的比值[①]。在有关家庭电力消费的研究中，普遍都考虑这两个变量，如 Filippini[9]、Alberini 等[10]的研究等。Feng 和 Sovacool 等[11]研究认为 I 与 P 对家庭的节电行为(electricity saving behaviour)具有显著的影响。B_n 为计划行为属性，以计划行为理论(the theory of planned behavior，TPB)的观点为基础。TPB 由 Ajzen[12]提出，旨在研究行为意向或心理影响对某种特定行为的作用，其中行为意向主要由行为态度、主观规范和知觉行为控制 3 个因素决定。本书采用的计划行为属性(B_n)包括行为态度 B_1、主观规范 B_2 和知觉行为控制 B_3 3 个方面。行为态度因素采用 CHECS 被访家庭对"是否曾使用节能家电[②]或安装太阳能热水器"问题的回答，曾使用节能家电或安装太阳能热水器的家庭意味着在生活中比较注重节能或对传统能源的替代，可能更易对电价机制的节能激励产生反馈。B_1 为虚拟变量，选项"是"取值为 1，"否"取值为 0。主观规范因素是指行为人的某种期望给行动带来的压力。2012 年 7 月，各地实行的阶梯电价方案均分为 3 个阶梯，但每个省的消费量拐点不同。例如，福建省第一阶梯用电量为 200kW·h 以下，第三阶梯用电量为 400kW·h 以上，而四川省则是选择 180kW·h 与 280kW·h 为阶梯的拐点。因此，本节研究的主观规范因素 B_2 主要考查处于用电量拐点附近(正负 10%)的家庭，是否会由于主观上的节能压力，倾向于选择更加节能的用电行为。数据来源为 CHECS，根据"家庭月用电量"数据及各地的阶梯拐点分别计算。B_2 为虚拟变量，家庭月用电量在拐点附近为 1，不在拐点附近为 0。知觉行为控制 B_3 主要反映的是个体感知，采用的是 CHECS 中"是否了解阶梯电价政策"的选项，选项"是"取值为 1，"否"取值为 0。对政策的了解，可以增加对阶梯电价机制的感知和认同感，有可能更易理解改革的意图并产生节能行为。解释变量中，H_k 为家庭人口统计学属性，包括家庭人口因素 H_1、年龄结构因素 H_2 和城乡居民因素 H_3，分别采用 CHECS 收集的"家庭常住人口""是否有三代人以上共同生活[③]"及"是否居住在农村"的相关数据。其中，H_1 为调研选项相应的数值，反映家庭常住人口的数量。H_2 与 H_3 为虚拟

---

①其中居民电价选择该家庭生活消费电量所对应的阶梯电价，取每千瓦时电力价格（元）与每立方天然气价格（元）的比值。尽管居民电价目前仍按"以省定价"执行，但各地差异不会特别明显。而天然气价格受运输成本影响，东南部省份明显比其他省份要高。

②如曾经有意识地购买具有"能源之星（energy star）标识"或"中国能效标识"能耗较低的家电，像空气能热水器、变频空调等。

③指是否是三代或三代以上成员共同组成的家庭，以反映家庭的年龄结构。中国人有喜欢多代同堂的传统习惯，而且随着第二代独生子女的出现，具有隔代抚养现象的家庭开始增加。

变量，选项"是"取值为 1，"否"取值为 0。模型中引入 Z_m 作为区域属性的控制变量，以区别不同地区的家庭电力消费行为影响，包括区域发展水平 Z_1 和区域气温因素 Z_2。其中，Z_1 和 Z_2 分别使用当地人均 GDP 和当地平均气温作为指标。模型的误差项 ε 假定服从正态分布。HECDC 模型的回归系数反映的只是潜在变量变化的结果，实质性的解释意义并不清晰，所以本书计算了更具实际意义的边际效应，反映各解释变量对于家庭电力消费方式选择的边际影响有多大。

2. 数据统计描述

2012 年 7 月居民阶梯电价全面启动，实施范围涵盖了中国绝大部分地区[①]。我们使用 2013 年 1 月的 CHECS 数据作为样本，其来自 3 个东部省份（山东、江苏与福建）、3 个中部省份（山西、内蒙古与安徽）、2 个西部省份（四川、贵州）和一个东北省份（黑龙江）[②]，共 1058 户家庭，能够代表不同地区、城市和农村家庭在阶梯电价实施之后的生活能源消费情况。所涉及的 CHECS 主要数据统计描述性统计结果见表 3-1。值得注意的是，在阶梯电价执行之后，样本中有 26.5% 的家庭具有节能反馈，选择更加高效节能的电力消费方式。这表明阶梯电价机制的节能激励收到一定的效果。并且用电量处于拐点附近的家庭占被调研家庭的 26.2%，这表明面对阶梯电价，家庭用电量呈现出一定

表 3-1　主要数据描述性统计结果

数据指标	均值	标准差	最小值	最大值
选择节能的电力消费方式	0.265	0.4410	0	1.000
家庭年可支配收入/万元	9.464	11.2000	0.500	200.000
居民电力相对价格/%	25.301	7.6664	14.238	58.394
曾使用节能家电或安装太阳能热水器	0.333	0.4710	0	1.000
家庭月用电量/kW·h	236.360	148.984	12.579	1197.900
了解阶梯电价政策	0.740	0.4390	0	1.000
家庭常住人口/人	3.082	1.0360	1.000	9.000
三代以上组成的家庭	0.321	0.4670	0	1.000

资料来源：CHECS 数据

---

①除了新疆、西藏和港澳台以外的地区。

②为科学反映中国不同区域的社会经济发展状况，国家统计局在 2011 年将中国经济区域划分进行调整，分为东部、中部、西部和东北四大地区。

程度的聚集现象，这与 Olmstead 等[13]的研究非常相似①。被调研家庭的平均家庭成员数量为 3.08 人，与第六次全国人口普查平均每个家庭户的人口 3.10 人比较接近。被调研家庭中既有单身住户也有 9 名成员的大家庭，而三代以上共同生活的家庭占总量的 32.1%。

　　分别以家庭年可支配收入、居民电力相对价格、家庭常住人口的均值为界对样本进行划分，图 3-1 显示了按照不同家庭年可支配收入、不同居民电力相对价格及不同家庭常住人口分类的家庭，选择节能用电方式的家庭比例。可以看到：家庭年可支配收入大于 9.46 万元的家庭中，只有 22.1%具有节能反馈，这一比例要低于收入较低的家庭，表明收入较高的群体，电费支出占其收入的比重较低，在面对新的电价机制时相对不敏感；而居民电力相对价格较高的家庭中，选择节能消费方式的比重为 30.1%，高于相对价格较低的家庭，说明电力价格相对越高，在新的机制下家庭产生反馈的比例可能也越大；常住人口大于 3 人的家庭，有 29.6%会选择节能消费方式，而常住人口为 2 人或 1 人的家庭，只有 18.1%具有节能反馈，说明人口少的家庭产生节能反馈的更少。

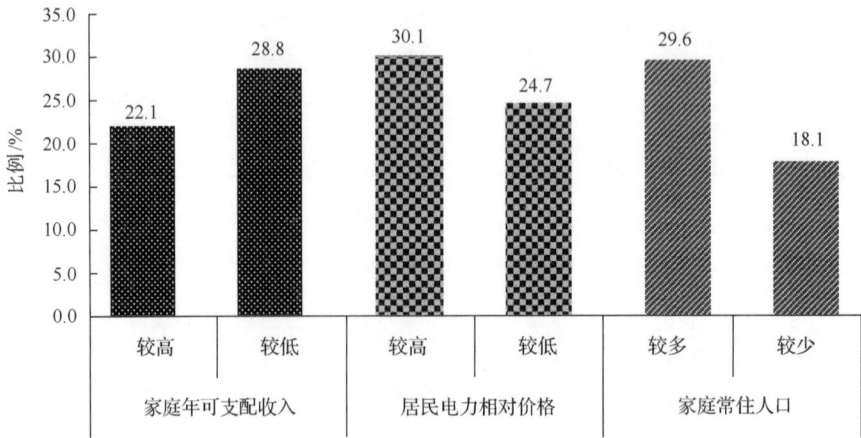

图 3-1　按照家庭年可支配收入、居民电力相对价格、家庭常住人口分类的
家庭选择节能用电方式的家庭比例

家庭年可支配收入大于 9.46 万元的家庭为家庭年可支配收入较高的家庭；常住人口大于等于 3 人的家庭为
家庭常住人口较多的家庭；常住人口为 2 人或 1 人的家庭为家庭常住人口较少的家庭。

资料来源：CHECS 数据

---

　　①Olmstead 等[13]对来自美国与加拿大 11 个地区的 1082 个家庭的生活用水数量进行研究，表明约有 40%美国家庭的用水量集中在拐点附近（上下 5%）的区间内。

表 3-2 按照其他 5 个解释(虚拟)变量(是否曾使用节能家电或安装太阳能热水器、是否了解阶梯电价政策、是否三代以上共同生活、是否居住在农村及用电量是否处于拐点附近)的差异对样本进行分类,显示了执行阶梯电价后选择节能用电方式的家庭比例。表 3-2 表明,无论按何种属性分类,家庭之间的差异都比较明显。曾使用节能家电或安装太阳能热水器的家庭,在执行阶梯电价之后有 41.5%会倾向于采用更加节能的用电方式,而未曾使用节能家电或安装太阳能热水器的家庭,具有节能反馈的仅有 19.0%;了解阶梯电价政策的家庭,选择节能用电方式的比例为 28.9%,大大高于不了解阶梯电价政策的家庭;三代以上共同生活的家庭采用节能用电方式的比例要小于其他家庭;与居住在农村的家庭相比,居住在城市的家庭采用节能用电方式的比例要小近 20%;用电量处于拐点附近的家庭,具有节能反馈的比例则要高于其他家庭,表明用电量拐点的设计可能会对家庭用电消费方式的选择产生显著影响。根据对样本分类分析的结论,初步显示出阶梯电价在激励居民提高用电效率方面起到了一定作用,但不同属性的家庭对阶梯电价节能激励的反馈存在差异,有些因素可能增强了阶梯电价带来的节能效果,有些因素则可能导致节能效果削弱。进一步根据式(3-2),采用 HECDC 模型实证分析影响家庭节能反馈的主要因素[①]。

表 3-2　按照其他属性分类的家庭选择节能用电方式的家庭比例

家庭类型	是/%	否/%
是否曾使用节能家电或安装太阳能热水器	41.5	19.0
是否了解阶梯电价政策	28.9	19.6
是否三代以上共同生活	21.5	28.8
是否居住在农村	44.6	23.5
用电量是否处于拐点附近	32.2	24.1

3. 实证结果分析

表 3-3 显示了回归结果,其中模型 1 仅考虑了收入变量、价格变量和计划行为变量,模型 2 纳入了家庭人口统计学变量,模型 3 包括了区域控制变量。中国各地区阶梯电价方案的差异主要体现在对 3 个电量阶段的阈值设定[②],研

---

①回归模型中家庭年可支配收入、居民电力相对价格及地区人均 GDP 取对数处理。

②各地区阶梯电价方案的价格设计完全参考了国家发展和改革委员会的指导性意见,各地的差异主要表现在对基本需求用电、正常合理用电和较高生活质量用电三档电量的划分上。

究阶梯电价的改进方案时，应该特别注意两个拐点的设计对家庭节能反馈的作用。因此，在模型 4 与模型 5 中，将用申量处于拐点 1 附近与拐点 2 附近的家庭单独用虚拟变量进行分类，以便分析不同拐点对家庭电力消费方式选择的影响。表 3-3 中的系数表示边际效应，即解释变量变化一单位时[①]，被解释变量发生变化的概率。

表 3-3　家庭电力消费离散选择模型的实证结果

变量	模型 1	模型 2	模型 3	模型 4	模型 5
家庭年可支配收入	−0.006***	−0.006**	−0.006**	−0.007**	−0.007**
居民电力相对价格	0.010***	0.010***	0.010***	0.010***	0.010***
曾使用节能家电或安装太阳能热水器	0.277***	0.217***	0.220***	0.216***	0.219***
电量处于拐点附近	0.100***	0.106***	0.090***		
拐点 1 附近				0.077*	0.058
拐点 2 附近				0.175***	0.166***
了解阶梯电价政策	0.082***	0.072**	0.070**	0.072**	0.070**
家庭常住人口		0.044***	0.041***	0.043***	0.041***
三代以上共同生活		−0.103***	−0.101***	−0.104***	−0.104***
居住在农村		0.171***	0.184***	0.171***	0.186***
地区人均 GDP			−0.014*		−0.014*
地区平均气温			−0.007**		−0.007***

注：回归结果代表边际效应

*、**、***分别代表 10%、5%、1%显著水平

从表 3-3 的结果可以看到，在采用不同的控制时，各变量的回归结果都比较显著，边际效应的大小也相对稳定，表明模型的稳健性较好。在面对阶梯电价机制的节能激励时，家庭收入因素、电力价格因素、计划行为因素、家庭人口统计学因素等均是影响家庭电力消费方式选择的重要变量。

家庭年可支配收入对家庭选择节能用电方式的影响是负向的，说明年可支配收入更高的家庭，对阶梯电价机制产生节能反馈的概率更小。与 2012 年7 月之前执行的电价水平相比，目前各地阶梯电价的方案均不存在电价下降的方案，因此，阶梯电价机制带来的价格变化主要都体现为第二阶梯与第三

---

①虚拟变量的系数由 0～1 的变化，表示该变量对被解释变量的边际影响。

阶梯价格的上涨[①]。这意味着面对可能的电价上浮，低收入家庭的敏感程度更高，低收入家庭采用节能用电方式的概率要大于高收入家庭，这与 Sun 和 Lin[1] 的研究结论是一致的。从回归结果的边际效应看，家庭年可支配收入每增加 1 万元，家庭选择节能用电方式的概率下降 0.6%～0.7%。

居民电力相对价格的影响是正向的，表明家庭面对的居民电力相对价格越高，家庭选择节能用电方式的概率越大。假定各地的天然气价格不变，那么阶梯电价提高的幅度增大，家庭产生节能反馈的可能性也增大。以边际效应分析，居民电力相对价格上涨 1%，家庭选择节能用电方式的概率也随之上涨 1%。实证结果所反映的电力价格同节能反馈之间的关系，与阶梯电价方案设计的目标是吻合的，即通过价格差异对消费者传递不同的信息，以促进家庭用户尽量回避高价格区间，提高用电效率，并且价格越高，家庭的敏感程度也越高，选择节能用电行为的概率也越大。

计划行为因素包括 3 个解释变量。其中，曾使用节能家电或安装太阳能热水器的家庭要比未曾使用节能家电或安装太阳能热水器的家庭选择节能用电方式的概率大 22%左右。这体现出家庭过去在选择家电设备上的行为态度与受激励产生的节能反馈有很大的关系，曾选择节能家电或安装太阳能热水器的家庭，容易对阶梯电价的节能目标产生共识。

阶梯电价的梯度设计及各阶梯之间电价的跨度是改进阶梯电价方案，促进实现节能目标的关键问题。模型 1、模型 2 和模型 3 的实证结果均表明：家庭月用电量处于阶梯拐点附近会导致家庭更倾向于采取节能的电力消费方式，而不处于阶梯拐点附近的家庭，产生节能反馈的概率要低约 10%。这反映了面对新的价格机制，家庭产生节能反馈的概率与阶梯电价梯度设计有很大的关系，用电量处于拐点附近的家庭产生节能反馈的可能性更大。根据 Olmstead 等[13]的观点，家庭的电力消费和支出是在固定预算约束下使其效用最大化的解，对于用电量处于阶梯拐点附近的家庭，如果用电量突然增加，那么增加的这一部分用电很可能会按照更高一阶的价格进行电费核算，对效用的边际影响比较大，因此，这部分家庭会有意识地控制自身电力的需求，在主观上产生节能用电的行为规范。为了进一步考查用电量处于阶梯电价第一阶梯拐点附近与第二阶梯拐点附近的家庭在电力消费方式选择上的差异，模型 4 与模型 5 用虚拟变量区分了这两种家庭。实证结果显示了两个特征：

———————

① 第一阶梯电价不变，第二阶梯上涨 0.05 元，第三阶梯上涨 0.3 元。

首先，两个变量的系数显著性存在差异，处于第二阶梯拐点附近的系数在两个模型中均达到1%的显著性水平，而处于第一阶梯拐点附近的系数在模型4中只达到10%的显著性水平，并且当控制了区域变量时，在模型5中处于第一阶梯拐点附近的系数甚至没有通过10%显著性检验。这说明用电量处于第二阶梯拐点附近的家庭对阶梯电价存在明显的节能反馈，而用电量处于第一阶梯拐点附近的家庭虽然比不处于拐点附近的家庭更具有选择节能用电方式的可能性，但这种可能性相对较弱，而且很可能只是通过与其他区域变量的相关性起作用。其次，对比两个变量的边际效应可以发现，用电量处于第二阶梯拐点附近的家庭要比不处于拐点附近的家庭产生节能反馈的概率大17%左右，而用电量处于第一阶梯拐点附近的家庭的边际效应只有6%~7%，这主要是因为家庭对阶梯拐点电价产生的主观规范效应来自于拐点两侧电价的差异，差异越大，对家庭效用的潜在影响可能越大，因此家庭产生节能反馈的概率也越大。按现行的阶梯电价机制，几乎所有地区第一阶梯拐点两侧的电价差异为 0.05 元/(kW·h)，而第二阶梯拐点两侧的电价差异为 0.3 元/(kW·h)。以第一阶梯电价 0.5 元计算，当家庭用电跨过第一阶梯拐点到达第二阶梯，每千瓦时用电多支出 10%，而用电量跨过第二阶梯拐点到达第三阶梯时，每千瓦时用电将多出约 50%的费用，二者对效用的边际影响存在着非常明显的差异。阶梯电价的拐点设计及各阶梯之间电价的跨度，对处于阶梯拐点附近家庭的主观规范效应起了较大作用，在很大程度上影响了家庭选择节能用电方式的概率。

家庭对阶梯电价政策的了解与否，对家庭选择节能用电方式的概率具有显著的正向影响。了解阶梯电价政策的家庭比不了解阶梯电价政策的家庭，产生节能反馈的可能性要高出 7%~8%。政策的宣传与推广使家庭更容易理解阶梯电价政策的内容，在知觉行为控制方面让家庭对改革的目的与意义产生共鸣，以促进其节能。在表 3-1 的数据描述中，仍有 26%的家庭表示不了解阶梯电价政策，说明为了更有效地促进阶梯电价的节能作用，还需要进一步加强政策的宣传工作。

在 3 个家庭人口统计学属性中，家庭常住人口数量与被解释变量之间具有正向关系。家庭人口数量增加，会提高家庭选择节能用电方式的可能性。家庭每增加 1 位常住人口，概率增加 4%左右。该结果反映出家用电器与家庭人数之间的非线性关系，照明、冰箱、洗衣机、空调等设备的使用有比较明显的规模效应①。因此，面对阶梯电价机制，常住人口更多的家庭为其选择节能用电方式提供了机会。而从家庭的年龄结构上来看，与其他家庭相比，三代以上共同生活的家庭具有节能反馈的可能性大约低 10%。这表明不同年龄段的家庭成员生活方式与作息时间可能存在较大差异，整个家庭的用电行为往往需要兼顾到所有成员，导致共同采取节能用电方式的概率下降。城乡属性对家庭节能用电方式选择的影响也很显著。目前全国大多数地区居民电价实行城乡同价，同样面对阶梯电价的节能激励，居住在农村的家庭要比居住在城市里的家庭产生节能反馈的概率高出 17%～18%，表明在农村居住的家庭对阶梯电价更加敏感，而在城市居住的家庭对阶梯电价的敏感程度相对较低。

　　两个区域控制变量在模型 3 与模型 5 中相对都比较显著。地区人均 GDP 与家庭选择节能用电方式的概率呈负相关，表明生活水平越好的地区，家庭对阶梯电价产生节能反馈的可能性相对越小。当地气温对家庭选择节能用电方式的影响也显著为负，这表明由于地区气温越高，家庭在生活上对电力(特别是空调制冷用电)的需求可能更大且具有刚性特征，家庭拥有节电意愿的概率也随之下降。

　　通过实证结果的分析可以看到，居民阶梯电价方案的执行，确实在一定程度上对家庭电力消费方式选择造成了影响，电价机制发挥了促进节能的杠杆作用。同时，由于家庭属性(包括收入、人口、年龄等因素)的影响，不同家庭对阶梯电价的敏感程度或节能反馈也存在差异。进一步发挥阶梯电价机制的节能作用，除了应该在相对电价、阶梯用电量、阶梯数目等方面完善科学设计外，还应尽可能的配套细化政策，更精细更全面地兼顾到大多数人的利益，如是否打破城乡同价，是否针对特殊家庭用电采取申报机制等，以充分体现阶梯电价改革的两个重要目标——在追求效率的同时不忘公平。接下来，继续利用 CHECS 实地调研的微观家庭数据，采用价差法分析哪些家庭承担了阶梯电价的上涨部分，以及新的价格机制是否促进了补贴公平。从机制设计的角度，进一步探讨保障电价机制效率与公平原则的改革方向。

---

　　①家庭用电的规模效应主要反映在能够通过家庭成员对家用电器的共同使用，保证家庭效用不受影响。例如，三口家庭既可以选择分别在不同房间各开一台空调，也可以集中在客厅共同使用一台空调，而单身家庭的选择只能是开或不开空调。又如，三口家庭可以选择使用洗衣机一次洗三个人的衣服，而单身家庭则很难体现规模效应。

3.2.2　阶梯电价与有目标的居民电力补贴

1. 阶梯电价对不同收入阶层用电的影响

在阶梯电价执行之前，以往不加以区分的居民电力交叉补贴机制是不公平和无效的。补贴来源于交叉电价，属于财政支出，也就是公共产品。大部分电力补贴最后落到不需要补贴的高收入人群手中，相当于是贫困人群补贴了富裕人群。阶梯电价机制打破了交叉补贴传统的仅与用电量线性相关的分配方式，转而通过非线性的有目标的方式重新分配公共资源，让居民电力价格形成高低梯度，用电量低的家庭享受低的价格，而用电量高的家庭需要承担"涨价"的部分。这为重新分配补贴提供了合理的机制。

基于林伯强等[14]的研究，采用价差法估计阶梯电价对电力交叉补贴的规模。为突出阶梯电价执行之后对交叉补贴的影响，以阶梯电价执行之前的水平电价作为参照，具体的形式表示如下：

$$\ln Q_1 - \ln Q_0 = e \times (\ln P_1 - \ln P_0) \tag{3-3}$$

式中，e 为家庭电力的需求价格弹性；Q_1 和 P_1 为阶梯电价执行后的需求量与电价；Q_0 与 P_0 为电价执行前的需求量与电价；$\Delta Q = Q_1 - Q_0$ 为阶梯电价执行前后的需求量变动。

为了考查阶梯电价如何有目标地对交叉补贴进行再分配，我们把所有样本家庭按收入高低分为 3 个阶层，其中收入最低的 20% 的家庭为低收入阶层，中间收入的 60% 的家庭为中等收入阶层，收入最高的 20% 的家庭为高收入阶层。Sun 和 Lin[1]的研究表明，家庭电力需求价格弹性的绝对值与收入呈负相关且与价格呈正相关，本节根据其结论分别估算了样本中不同阶层家庭的电力需求价格弹性。其中，低收入阶层家庭电力需求价格弹性为 −0.38，中等收入阶层家庭为−0.19，高收入阶层家庭为−0.08。从价格弹性上反映出高收入阶层家庭可能更加注重用电与生活品质之间的关系，电价上涨或电力支出增加对他们的影响比较小，而低收入阶层家庭对电价的敏感程度较高。表 3-4 显示了不同收入阶层家庭在阶梯电价执行前后的用电量及用电支出变化情况。可以看出，无论是低收入阶层、中等收入阶层还是高收入阶层家庭在阶梯电价执行之后，用电量都呈现下降趋势，但用电支出则表现为一定幅度的上涨。低收入阶层家庭在阶梯电价执行后的月用电量平均下降了 1.67kW·h，而中等收入阶层家庭与高收入家庭则分别下降了

2.22kW·h 与 3.55kW·h。这与前面 HECDC 模型的结论一致，证实了阶梯电价机制的节能激励能够促使各收入阶层的家庭均出现反馈，产生节能动力。阶梯电价的实施对居民生活用电量具有负的边际影响，导致全样本 1058 户家庭平均用电量下降了 1.0%。电力宏观统计数据也表明 2012 年城乡居民用电量增速下降，验证了阶梯电价实施对家庭用电的节能作用[①]。

表 3-4　不同收入阶层家庭在阶梯电价执行前后的用电量及用电支出变化情况

收入阶层	家庭数/个	年均可支配收入/万元	用电量/(kW·h)		用电支出/元	
			执行前	执行后	执行前	执行后
低收入阶层	212	3.15	157.20	155.53	78.90	80.26
中等收入阶层	636	7.71	230.47	228.25	117.97	122.98
高收入阶层	210	21.14	346.07	342.52	174.07	194.91

虽然各阶层家庭用电量都出现下降，但由于电价水平有所提高，阶梯电价执行之后各阶层家庭的用电支出均呈现某种程度的上涨。样本家庭的平均用电支出上涨 7.42 元，其中低收入阶层家庭月用电支出平均上涨 1.36 元，中等收入阶层家庭上涨了约 5.01 元，而高收入阶层家庭受的影响最大，平均上涨了 20.84 元。在相对用电量上，除了高收入阶层家庭，其他收入阶层家庭的月用电支出的增幅都比较小，受到的影响比较有限。具体而言，低收入阶层家庭月用电支出平均增长了 1.72%，中等收入阶层家庭平均增长了 4.24%，而高收入阶层家庭平均增长了 11.97%，1058 户样本家庭用电支出平均上涨幅度为 6.12%。这表明阶梯电价对各阶层家庭的用电支出均造成一定影响，但"涨价"部分主要由高收入阶层家庭承担，中低收入阶层家庭特别是低收入阶层家庭受到的影响较小，反映了阶梯电价机制的公平性与合理性。

2. 阶梯电价与交叉补贴再分配

如前所述，在新的阶梯电价机制下，家庭的用电量与用电支出都发生了改变，导致居民电力交叉补贴的总量也产生变化，且不同收入阶层受到的补贴比例也重新分配。通过价差法的计算，阶梯电价执行后，1058 户样本家庭月补贴总量降低了 10861 元，平均每户减少 10.27 元，下降比例为 6.21%，表明在新

---

①尽管 2012 年全年城乡居民生活用电同比增长 10.15%，与 2011 年的增速 10.17%基本持平，但 2012 年下半年的同比增速却比 2011 年下降了约 0.5 个百分点，表明了 2012 年阶梯电价的实施对城乡居民用电起到了一定影响作用。

的电价机制下，工业与居民部门电力价格的扭曲缩小，公共补贴支出的总规模明显下降。在不同收入阶层家庭中，低收入阶层家庭平均月补贴量降低了 3.35 元，较阶梯电价执行前降低了 3.06%；中等收入阶层家庭平均月补贴量降低了 7.67 元，降低的比例为 4.84%；而高收入阶层家庭的平均月补贴量降低了 25.11 元，与执行阶梯电价前相比，降低的幅度达到了 10.41%。不同收入阶层家庭补贴额变化主要受两个方面影响：首先，不同收入阶层家庭对阶梯电价机制的敏感程度与节能反馈不同，月用电量下降的幅度存在一定差异；其次，不同收入阶层家庭用电量所处的阶梯也不相同，低收入阶层家庭的用电量较低，大多集中在第一阶梯之内，电价变动的幅度较小，而高收入阶层家庭平均的用电量明显更高，因此更多地承担了电价上涨的部分。

　　阶梯电价改革的重要目的之一就是要改变这种不加区分的补贴机制，更有目标地控制补贴的流向，减少扭曲，保障公平。从表 3-5 可以看到：执行阶梯电价之后，高收入阶层家庭受到的补贴比例减少了 1.29 个百分点，下降至 27.69%；中等收入阶层家庭受到的补贴比例增加了 0.85 个百分点，达到 58.56%；而低收入阶层家庭受到的补贴比例也有一定提高，增长至 13.76%，上升了 0.45 个百分点。阶梯电价导致补贴的针对性有所增强，高收入阶层家庭得到的补贴比例下降，而低收入阶层家庭和中等收入阶层家庭受到的补贴比例上升，但各阶层之间比例的变化幅度不是很大，交叉补贴再分配的公平性还没有得到充分的体现。这主要是由于目前各地所执行的阶梯电价方案还比较粗放，基本上都采用了 3 个阶梯、固定价格幅度的模式，机制的针对性较差且各阶梯之间的价格差距较小。截至 2013 年 7 月，虽然全国一部分地区对原机制的电价水平进行了新一轮调整[①]，但各地均没有对阶梯用电量的阈值作相应调整。面对固定且滞后的阶梯设计方案，部分过去处于第一阶梯的家

表 3-5　阶梯电价执行前后家庭电力交叉补贴变化情况

收入阶层	家庭数/个	家庭平均补贴量的变化情况		相应阶层的补贴量占总补贴量的比例	
		变化额/元	变化比例/%	执行前/%	执行后/%
低收入阶层	212	−3.35	3.06	13.31	13.76
中等收入阶层	636	−7.67	4.84	57.71	58.56
高收入阶层	210	−25.11	10.41	28.98	27.69

①如福建省自 2013 年 7 月起采取第二年过渡期电价。

庭可能会随着用电量的增加升至第二阶梯，这必然导致用电量处于第一阶梯家庭将越来越少。现有机制在引导补贴合理再分配方面的功能依旧较弱，未来需要在机制的设计上做更精细的工作。

3.2.3　结论和政策建议

能源价格是现阶段改革的重点，采用阶梯式的定价方式取代传统的水平定价方式是改革的方向。阶梯电价只是居民资源类产品价格改革的第一步，随后，居民天然气、生活用水等其他公共资源产品都将执行阶梯定价模式。从原理上看，虽然阶梯定价更有利于提高效率并保障公平，但在执行过程中，阶梯电价改革具体的实施效果仍需要家庭反馈数据的验证，未来定价机制又该如何改进，也急需进一步地探讨。因此，在阶梯电价全面实施的背景下，采用 CHECS 实地调研的家庭微观数据，针对现行阶梯电价机制对提高用电效率、促进补贴公平两个方面的效果进行研究，主要得到以下几点结论及建议。

第一，现行阶梯电价方案的节能激励是有效的。受阶梯电价机制影响，家庭的平均用电量约下降了 1.0%。根据消费者对阶梯电价的反馈，26.5%的家庭会选择更加高效节能的电力消费方式，减少浪费。同时，不同家庭对阶梯电价的敏感程度与节能反馈存在差异。

第二，阶梯电价不仅减少了交叉补贴的规模，同时也改善了补贴的再分配机制。现行的阶梯电价机制在一定程度上缩小了工业与居民部门电力价格的扭曲，使补贴支出的总规模下降了 6.2%。阶梯电价使得补贴机制更加具有针对性，更多份额的补贴流向了中、低收入阶层家庭，而不需要补贴的高收入阶层家庭得到的补贴份额有所下降。

第三，家庭节能用电方式的选择主要受到家庭收入、相对电价及家庭以往用电习惯的影响。收入较低的家庭对阶梯电价的节能激励更加敏感。家庭面对的电力相对价格越高，选择节能用电方式的概率可能越大。曾使用节能家电或安装太阳能热水器的家庭更容易对阶梯电价的节能作用产生共识。

第四，对于阶梯电价机制来说，用电量拐点及各阶梯之间电价跨度的设计非常重要。由于拐点附近的用电量与用电支出之间存在非线性的变化，家庭用电量在拐点附近呈现出明显的聚集现象，并且产生节能反馈的概率也大大增加。同时，阶梯电价的拐点还是划分家庭用电补贴的重要标尺，影响不同收入家庭对电价"涨价"份额的承担程度。长期固定且调整滞后的方案，很难充分发挥阶梯电价机制的节能激励作用，而且还影响补贴的公平分配。

无论如何，政府推进居民资源补贴(价格)改革是一种进步，目前阶梯电价改革方案是成功的，改革的两个目标在一定程度上都得到了实现。但建立公平有效的能源价格机制无法一蹴而就。政策制定者需要提早对改革可能造成的影响做出科学的判断与准确的把握，主动推进有步骤、有计划、有目标的能源价格渐进式改革。

3.3　中国能源补贴改革的障碍

对于中国这样处在经济转型中的发展中国家来说，改革能源补贴有很大难度，主要来自现有既得利益者的阻碍和改革对社会稳定影响的担忧。

补贴成本由全社会承担，而收益却可能仅归于小部分人，其中大部分获益者可能不是真正的目标群体，现在的受益人群将会抵触和反对改革。

一般而言，发展中国家能源补贴受益人群通常比较大，有些时候甚至是大部分人。因此，改革对社会稳定的影响也必须考虑，这就是以渐进的方式进行改革的基本论据。例如，在资源税改革的初期采取比较低的税率，如果改革某种能源补贴会降低某一特定群体的购买能力，政府应该引入更直接、更有效的补偿措施，维持他们的实际收入。又如，成品油改革后对出租车和公交部门进行补贴。要使改革获得广泛支持，政策制定者应该清楚地向公众传达能源补贴对经济和社会的整体效益。而且，从整体经济效益来看，改革能源补贴对竞争力的负影响很可能是一个伪命题。

政府在能源补贴方面面临的挑战还包括补贴政策的初衷与最终效果之间常常有很大差距。按照以上的补贴基本原则，能源补贴可以归结为几个最基本的问题，即对象、范围、方式和幅度。在能源补贴设计之初，就必须考虑这些问题，避免生产者和消费者过度依赖补贴。补贴对象主要应该是还没有获得现代能源的居民，特别是农村人口。补贴范围应该主要是没有获得能源服务的用户，补贴应该是投资的最初费用。补贴方式应该是在保证对特定人群的补贴时，尽管消费侧的补贴管理成本可能更高，但消费侧补贴的效果仍好于生产侧补贴。补贴幅度应该足够激励能源供应者为贫困人口提供能源服务。例如，采用生命线价格可以将能源消费限制在合理的范围内。

政策制定者通常认为，由于难以确定有效能源补贴，退出能源补贴就等同于放弃某个社会政策目标。改革能源补贴其实是通过更好的补贴办法实现这个社会政策目标，并且不会与其他社会目标产生冲突。也就是说，政府应当不断寻找更有效的补贴设计来实现社会目标(如对贫困人群的服务)，而不是仅仅依靠能源补贴来实现某个社会目标。例如，一种方法是健全社会保障系统对贫困人群的保障比低能源价格更有效；另一种方法就是将减少或取消能源补贴而节省的资金，直接用于社会福利项目融资，包括直接增加收入、健康和教育投资等。

参 考 文 献

[1] Sun C, Lin B. Reforming residential electricity tariff in China: block tariffs pricing approach. Energy Policy, 2013, 60(6): 741-752.

[2] Ndiaye D, Gabriel K. Principal component analysis of the electricity consumption in residential dwellings. Energy and Buildings, 2011, 43(2): 446-453.

[3] Sanquist T F, Orr H, Shui B, et al. Lifestyle factors in US residential electricity consumption. Energy Policy, 2012, 42(2): 354-364.

[4] Bernard J, Hofer M, Hannesen U, et al. Fuel cell/battery passive hybrid power source for electric powertrains. Journal of Power Sources, 2011, 196(14): 5867-5872.

[5] Wiesmann H, Hartig P, Stratmann M, et al. Electrical stimulation influences mineral formation of osteoblast-like cells in vitro. Biochimica et BiophysicaActa(BBA)-Molecular Cell Research, 2001, 1538(1): 28-37.

[6] Zhou S, Teng F. Estimation of urban residential electricity demand in China using household survey data. Energy Policy, 2013, 61(8): 394-402.

[7] Börsch-Supan A. The Nested Multinomial Logit Model. Econometric Analysis of Discrete Choice. Berlin: Springer, 1987: 41-75.

[8] Wang Y, Cui L, Ji X, et al. The China National Stroke Registry for patients with acute cerebrovascular events: design, rationale, and baseline patient characteristics. International Journal of Stroke, 2011, 6(4): 355-361.

[9] Filippini M. Swiss residential demand for electricity. Applied Economics Letters, 1999, 6(8): 533-538.

[10] Alberini A, Gans W, Velez-Lopez D. Residential consumption of gas and electricity in the US: the role of prices and income. Energy Economics, 2011, 33(5): 870-881.

[11] Dianshu F, Sovacool B K, Vu K M. The barriers to energy efficiency in China: assessing household electricity savings and consumer behavior in Liaoning Province. Energy Policy, 2010, 38(2): 1202-1209.

[12] Ajzen I. From intentions to actions: a theory of planned behavior. Berlin: Springer, 1985: 11-39.

[13] Olmstead S M, Hanemann W M, Stavins R N. Water demand under alternative price structures. Journal of Environmental Economics and Management, 2007, 54(2): 181-198.

[14] 林伯强, 蒋竺均, 林静. 有目标的电价补贴有助于能源公平和效率. 金融研究, 2009(11): 1-18.

第4章 中国可再生能源补贴有效性实证研究

2012 年 12 月，中国中央经济工作会议提出，化解可再生能源领域的产能过剩问题是 2013 年需要解决的首要问题，尤其是在风能和光伏方面。此次会议提出的解决产能过剩问题的决议对可再生能源的发展具有重要意义。首先，到 2020 年，计划装机总量可能会有所增加。产能过剩的主要原因是巨大的装备制造能力与少量的终端使用量不成比例。直观地说，增加终端装机容量将会成为化解可再生能源设备产能过剩问题的重要手段。其次，全球呼吁降低 CO_2 排放、石油风险，以及对能源安全的担忧日益增加，都要求中国适当提高可再生能源的发展速度。随着中国经济的快速发展，工业化和城市化的不断推进，2000~2012 年，中国的一次能源消耗按照平均每年 8.9% 的增速急剧增长，同一时期电能需求增长率甚至更高，平均增长率达到 11.4%。煤炭在一次能源和电力供给中扮演了主要的角色，而可再生能源只占了其中的一小部分。

如图 4-1 所示，2015 年，中国的煤炭消费超过了 40 亿 t，占一次能源消费的比重达到了 64.0%。同时，火电发电量为 42866 亿 kW·h(绝大部分为燃煤火电)，超过了整个欧盟的总发电量。另外，在中国的一次能源供给中，只有 5.15 亿吨标准煤是由非化石能源提供的，占比为 12.0%；而在电力供给中，也只有 16297 亿 kW·h 是由可再生能源提供的，占总发电量的 27.5%。

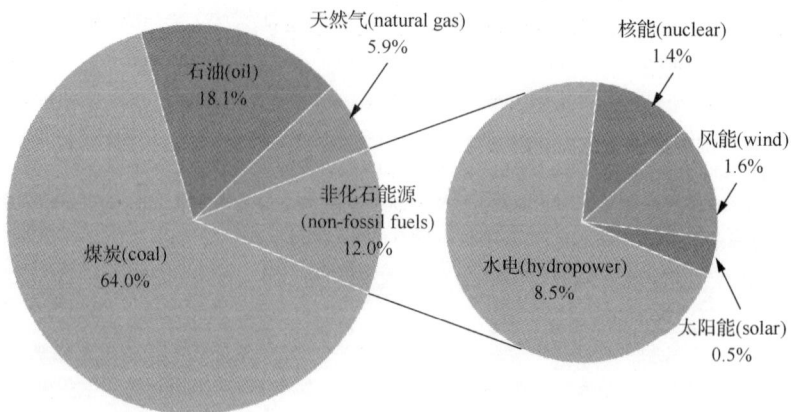

图 4-1 2015 年中国一次能源消费结构

迅速增长的煤炭消费量导致大量的 CO_2 排放。根据 BP 世界能源统计年鉴 2015 版，2008 年以来，中国已超越美国成为全球最大的 CO_2 排放国，2014 年的排放量更是达到 97.6 亿 t，占全球 CO_2 排放量的 27.5%。因此，控制中国的 CO_2 排放对于解决全球变暖的问题至关重要。发展可再生能源以替代高碳燃料(特别是煤炭)是实现这一目标的重要方法。

2015 年，中国宣布到 2030 年，中国碳强度水平(即每单位国内生产总值 CO_2 排放量)将比 2005 年降低 60%~65%，并在 2030 年前达到峰值。发展可再生能源是实现这一目标的一个重要组成部分。在"十二五"规划之初，中国政府设置了节能减排的目标并宣布加速可再生能源的发展。例如，中国政府已提议，到 2015 年非化石能源的比例(如风能、太阳能等)将至少占一次能源消费的 11.4%；到 2020 年这一比例将达到 15%。由于要限制非化石燃料的使用并减少排放，在中国能源结构以煤炭为主的情况下，加快发展可再生能源是实现 CO_2 减排和确保可持续发展的重要办法。

可见，加快发展可再生能源既是化解可再生能源设备制造环节产能过剩的当务之急，也是实现国家节能减排战略目标的必然选择。与传统化石能源相比，可再生能源有利于减少碳排放，减轻化石能源资源压力。可再生能源明显存在"正外部性"，同样也存在"市场失灵"问题。国内外经济社会发展的历程也表明，补贴和税收政策对可再生能源发展的影响极大。通过价格机制的引导和补贴投入结构的合理调整安排及税费政策的完善，能够有效地推进可再生能源的发展。

4.1　化石能源与可再生能源经济竞争力比较

2012 年，中国国家发展和改革委员会发布了"十二五"规划中关于可再生能源的部分，明确了到 2015 年和 2020 年有关风电和光伏发电的计划装机容量。根据这一规划，陆上风电并网发电量在 2015 年达到 95GW，2020 年将达到 170GW；2015 年海上风电达到 5GW，2020 年将达到 30GW；对于光伏发电，到 2015 和 2020 年分别达到 10GW、24GW。表 4-1 中显示了 2013 年年初公布的能源"十二五"规划中风电和光伏发电的计划装机容量。

表 4-1　"十二五"规划中风电和光伏发电的计划装机容量　　（单位：GW）

可再生能源	2015 年规划容量	2020 年规划容量
陆上风电	95	170
海上风电	5	30
光伏发电	10	24

然而，可再生能源的大规模开发可能导致两个不可避免的问题，它们可部分归结为成本问题。我们通过对可再生能源链进行分析，将成本问题大致分为发电系统问题和并网系统问题。

（1）对于发电系统问题，目前可再生能源的发电成本高于传统发电设备的发电成本。例如，2014 年陆上风电的上网电价是 0.51~0.61 元/(kW·h)，光伏发电的上网电价是 1 元/(kW·h) 或 1.15 元/(kW·h)，而火力发电的上网电价只有 0.24~0.48 元/(kW·h)，水力发电的上网电价是 0.14~0.40 元/(kW·h)。但是，如果考虑未来可能的技术进步，可再生能源的发电成本可以进一步降低。

（2）并网系统问题，在一定程度上也是一个成本问题。因为可再生能源并网要求更高的技术水平，这会提高其运营成本。可再生能源发电首先需要连接到电网，然后被传输到负荷中心，但是可再生能源的间歇性和随机性等固有属性使得并网变得更具挑战性[1]。

以上两个问题构成了可再生能源的成本问题。除了巨额的成本，这些成本在不同利益群体中如何分摊是中国发展可再生能源的另一个重要问题。中国的可再生能源政策和制度使得相关群体在上述成本中扮演不同的角色。总的来说，在中国发展可再生能源中有 3 类利益群体——发电企业、两家并网公司和众多的电力消费者。不同的利益群体将承担不同的成本，一个利益群体遇到的阻碍将影响到中国发展可再生能源的总体部署。例如，并网和购电政策要求并网公司连接所有可再生能源项目并购买所有可再生发电设备，但是在实践中并不是总能实现。本书的研究结果表明，电网公司的购电成本并不存在差异，唯一可能存在差异的是电网基础设施的成本分摊。电网系统平衡也存在类似的问题。

4.1.1　国际研究

由于可再生能源与社会、环境和谐共存，常常被视为可持续经济发展的选择[2]。到目前为止，对可再生能源的研究主要集中在它的环境正外部效应。

Capros 等[3]评估了可再生能源对减少温室气体排放的影响，Yu 和 Qu[4]分析了在中国"十二五"规划期间及到 2020 年气候变化中可再生能源的作用。类似的研究在 Arent 等[5]及 Salim 和 Rafiq[6]的研究中也能看到。

现在虽然可再生能源的成本正在降低，但仍然比可替代的化石燃料成本高。因此，有必要利用公众干预来促进可再生能源的发展[7]。具体到中国，研究者们已经对中国可再生能源发展的政策做了大量的研究，分析了其缺点，并基于国际和国内相关的经验提供了对政策的改善建议，相关的研究包括 Carrasco 等[1]、Schuman[8]和 Zeng 等[9]的研究。

毫无疑问，第一个需要重点考虑的因素是中国的政策和体制问题，其对可再生能源的计划和发展影响很大；另外一个需要重点考虑的因素是潜在的成本，因为它直接决定了这种发展模式的可行性。简单地说，中国社会能够承受的发展可再生能源的额外成本是多少。在欧美国家，经济学家和国际组织对可再生能源持续发展所带来的成本问题有着大量的争议。为了确定可再生能源的成本并把其与传统的电力能源对比，以前的研究主要集中在两个方面进行。第一个方面是估计发电成本。例如，美国电力研究协会(Electric Power Research Institute, EPRI)[10]对风能和太阳能发电成本进行了计算，并与燃煤发电和天然气发电的成本进行了比较；美国能源信息署(Energy Information Administration，EIA)[11]和美国国家能源部可再生能源实验室(National Renewable Energy Laboratory，NREL)[12]也对可再生能源的发电成本进行了计算。这些研究的结果见表 4-2。

表 4-2　发电成本预算结果　　　　［单位：元/(kW·h)]

研究机构	时间	陆上风电	海上风电	光伏发电	燃气	燃煤(IGCC)
EPRI[10]	2015 年	0.47～0.87	0.82～1.00	1.52～2.86	0.31～0.50	0.43～0.46
EIA[11]	2016 年	0.61	1.53	1.32	0.40	—
NREL[12]	2015 年	0.24～0.74	0.49～0.86	0.71～1.93	—	—
NREL[12]	2030 年	0.19～0.70	0.31～0.66	0.55～1.19	—	—

注：汇率为 6.3 元人民币/美元

第二个方面主要集中于估计发展可再生能源的总成本，总成本中考虑了可再生能源对电力传输和系统平衡的冲击。例如，美国能源信息署[13]认为，到 2025 年美国可再生能源消费占能源消费总量的 25%，这一发展规模对美国电力成本不会造成太大影响(在 2030 年前少于 3 个百分点)。但有些研究如

Kreutzer 等[14]和 Bryce[15]指出美国能源信息署没有把所有的风能和其他可再生能源成本考虑在内，导致低估了成本。Kreutzer 等[14]进一步考虑了发电、电网传输、系统平衡等其他因素，综合分析研究得出美国发展可再生能源会使居民电价提高 36%，使工业电价提高 60%。

有必要指出以往的研究基本忽略了中国——这个拥有世界最大陆上风力发电产能和第三大光伏产能的国家。本书填补了以往研究的空缺，提供了评估中国可再生能源并网的成本估计方法。更重要的是，基于中国到 2020 年之前可再生能源产能大幅增加的计划，本书探究了可再生能源的成本是否会成为未来发展的主要阻碍[16]。鉴于其对可再生能源的发展可能产生的影响，本书对政策制定者来说意义重大。据我们所知，本书对可再生能源并网成本进行了全方位的研究，目前关于中国可持续发展文献中对这一问题的回答依然是空白的。

4.1.2　可再生能源上网电价和降低成本的途径

1. 可再生能源上网电价

本节研究了可再生能源的上网电价，以此作为估算可再生能源并网发电的购电成本的基础。目前，陆上风电和光伏发电已经制定了固定上网电价，今后将根据技术进步情况等因素进行适时调整。从图 4-2 定价机制的发展趋势来看，海上风电固定上网电价也是未来发展的方向。

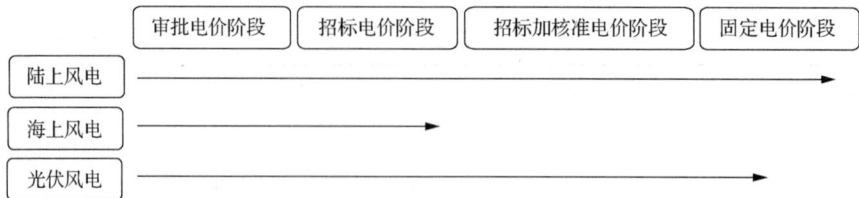

图 4-2　可再生能源定价机制的发展趋势

这个假设有以下几个理由支持：第一，可再生能源目前仍在商业化早期阶段，成本虽在下降，但仍然很高，不能直接在电力市场中参与竞争[17]；第二，为了达到中国政府制定的产能目标，有必要引入固定上网电价来确保合理的回报率并反映可再生能源潜在的技术进步[7]；第三，可再生能源的正外部效应需要定价政策的支持，而固定上网电价能实现这一点[18]。

因此，固定上网电价被作为可再生能源和海上风电的定价机制。计算固定上网电价的基本思想是年均摊销成本加上合理利润率。图 4-3 解释了该定价模型。

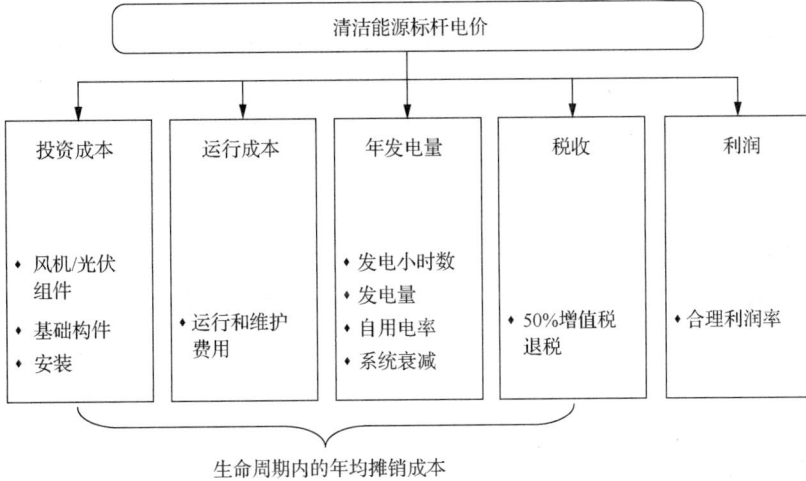

图 4-3　可再生能源标杆电价组成

如图 4-3 所示，陆上风电的年均摊销成本是由投资成本、运行成本、年发电量等决定的。投资成本包括风力发电机组、土建工程、电气工程、安装费用、财务成本及其他成本(如土地征用等)。运营成本包括运行和维护费用、工资等。陆上风电的年均摊销成本 C_1 为

$$C_1 = \frac{r(1+r)^n}{(1+r)^n - 1} \times \frac{C \times G}{\alpha}$$

式中，C 为每千瓦风机造价；G 为总装机容量；α 为风机造价占投资成本的比例；r 为贴现率；n 为折旧期。

基于年均摊销成本和合理利润率，陆上风电的上网电价 P 为

$$P = C_1(1+\omega)(1+\tau)(1+\mu) / \left[G \times T(1-\lambda) \right] \tag{4-1}$$

式中，μ 为风力发电企业增值税税率；τ 为风力发电企业合理利润率；ω 为运营成本与初始成本投资之比；λ 为厂用电率；T 为等效利用小时数。

为了验证方法和参数的可信度，我们有必要运用现有的技术水平作为基准情形，并比较实际上网电价与计算出的上网电价的差距。

陆上风电机组造价为 5000 元/kW，占整个陆上风电建设项目投资成本的75%。从折现的角度考虑，2015 年银行五年贷款利率约为 6.8%，风电项目的要求回报率要高于银行长期贷款利率，这就是所谓的风险溢价，所以我们假设风电项目贴现率为 9%。另外，根据财政部、国家税务总局联合发布的《关于资源综合利用及其他产品增值税政策的通知》规定，利用风力生产的电力，实现的增值税实行即征即退 50% 的政策，因此风电增值税税率取为 8.50%（为通常税率 17% 的一半）。风电厂用电率为 1.00%，风力发电企业合理利润率设定为 10.00%，且风力发电运行成本占投资成本的比例为 12.00%，平均发电等效利用小时数为 1800h/a。表 4-3 的第 1 列列示了这些参数值。把它们代入式(4-1)，可得 2014 年陆上风电平均上网电价为 0.548 元/(kW·h)，比现行的风力发电第二级上网电价稍高一点[1]。对中国来说，重要的陆上风电发电场所为内蒙古、甘肃和新疆，这些地方电价都处在第一级电价[0.51 元/(kW·h)]和第二级电价[0.54 元/(kW·h)]。计算出的上网电价为 0.548 元/(kW·h)，说明该方法和参数能够正确地模拟实际价格。

表 4-3　可再生能源的参数和指标

参数	含义	指标		
		陆上风电(1)	海上风电(2)	光伏发电(3)
C	风机造价/(元/kW)	5000	7500	18000
G	总装机容量	中间变量	中间变量	中间变量
λ	厂用电率/%	1.00	2.00	9.00
ζ	衰减率/%	—	—	0.90
α	风机造价占投资成本的比例/%	75.00	43.80	—
r	贴现率/%	9.00	9.00	9.00
n	折旧期/年	20	25	25
T	等效利用小时数/(h/a)	1800	2700	1500
μ	增值税税率/%	8.50	8.50	8.50
τ	合理利润率/%	10.00	10.00	10.00
ω	运营成本与初始投资之比/%	12.00	25.00	0.50

海上风电的成本结构和陆上风电不同。相比于陆上风电，海上风机造价

---

[1]中国陆上风电上网电价根据风场的地理位置分为 4 个等级电价，分别为 0.51 元/(kW·h)、0.54 元/(kW·h)、0.58 元/(kW·h)、0.61 元/(kW·h)。

相对较高，这是因为海上风机需要更高的结构强度、更好的防腐蚀保护系统和气候控制系统，这将使风机成本增加[19]。同时，为了防腐蚀，海上风电对地基有更高的要求，其安装设备也更昂贵（如安装船），这些原因导致了海上风电场建设期成本中的基础建设和安装费用较高，相应的，风机投资占投资成本比例比陆上风电小。根据 ECOFYS[19] 的数据，海上风电机组造价占投资成本比例为 44%。另外，海上风电运行成本占投资成本比例为 12%，比陆上风电占比高。参数值在表 4-4 的第二列中列示。

基于上述参数，计算得到 2014 年海上风电上网电价为 0.984 元/(kW·h)，比特许权投标价格 0.6235～0.737 元/(kW·h)[①]高出了很多，但与上海东海大桥海上风电示范项目标定的标杆电价 0.978 元/(kW·h)相近。

光伏发电的上网电价和风力发电不同。光伏发电系统的发电成本除与其投资成本、运行成本等实际成本费用有关外，还受系统发电效率和效率衰减的影响[20]。

光伏发电第 i 年的摊销成本 TC_i 为

$$TC_i = \frac{r(1+r)^n}{(1+r)^n - 1} \times I + M_i$$

式中，I 为光伏发电系统的投资成本 I；n 为折旧期；r 为贴现率；M_i 为第 i 年系统运行费用；P_{sym} 为系统功率；T 为系统年等效利用小时数。

第 i 年光伏发电系统发电量 Q_i 为

$$Q_i = P_{\text{sym}} \times T(1-\mu)^{i-1}$$

式中，μ 为系统效率衰减带来的发电量减少率。

按照利润加成本的原则测算电价，则电价为

$$P = \frac{TC_i \times (1+\tau)}{Q_i}$$

式中，τ 为发电系统投资利润率。

为简化计算与便于分析，假设系统运行成本占投资成本的比例为 ω，则光伏发电年均摊销成本为

---

①由于中国国有企业的不公平竞争，中国的海上风电特许竞标电价在中国不是一个适当的参考，因为国有企业有动力报出不合理的低价来取得风力资源丰富的场地（"跑马圈地"）。

$$C = \frac{r(1+r)^n}{(1+r)^n - 1} \times \frac{(1+\omega)I}{Q_i}$$

光伏发电上网电价为

$$P = \frac{r(1+r)^n}{(1+r)^n - 1} \times \frac{(1+\omega)I(1+\tau)}{Q_i}$$

光伏系统的投资成本在 2015 年为 18000 元/(kW·h)。但不同于风能,它的运行成本非常低。对于一个 10MW 量级的普通光伏发电站,其正常运作仅需 2~3 名工作人员,一般年运行成本以总投资的千分之五计量,因此,上网电价主要受投资成本影响。

假设目前每年有效发电小时数为 1800h,贴现率为 9.00%,摊销年数为 25 年,增值税税率为 8.50%(即 17% 的一半)。基于普遍接受的事实,25 年后光伏组件的效率为初始效率的 80%,可以得到系统效率衰减带来的发电量减少率为 $\mu = 1 - 0.8^{1/25} \approx 0.90\%$。表 4-3 中的第三列列示了光伏发电的参数。

根据以上设定,在保证合理利润率(10%)的条件下计算出太阳能并网电价为 1.21 元/(kW·h),比较接近且略高于 2015 年制定的实际光伏标杆电价,这与德意志银行(Deutsche Bank)[21]的结论一致,该报告认为在上网电价为 1.15 元/(kW·h)的情况下,年发电小时少于 2000h,光伏项目只能达到 5%~10% 的利润率。图 4-4 显示的为计算结果和实际电价的对比。

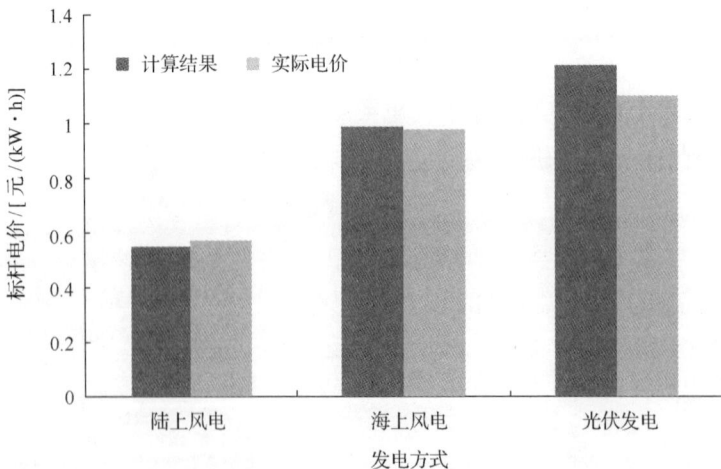

图 4-4 标杆电价计算结果与实际电价的对比

2. 降低可再生能源成本的途径

短期内，相较于火力等其他传统能源发电方式，可再生能源的发电成本依旧较高。例如，上一小节中核算的陆上风电、海上风电和光伏发电 2014 年的上网电价分别为 0.548 元/(kW·h)、0.984 元/(kW·h) 和 1.21 元/(kW·h)，均高于火电机组 [0.24~0.48 元/(kW·h)] 和水电机组的上网电价 [0.14~0.40 元/(kW·h)]。不过未来可再生能源的成本下降潜力较为可观。根据美国 1998~2011 年光伏发电上网装机价格的历史数据，有学者发现光伏发电成本下降了近 43%。因此，我们在估算成本时应将动态的技术进步考虑在内，否则以现有的上网成本进行估算将会高估未来可再生能源的购电成本。

我们把厂商不断积累经验的过程称为技术学习，技术学习将使可再生能源发电价格逐步下降，而技术学习越来越被看做是一个动态成本降低的机制。近年来，在对降低可再生能源动态发电成本的研究中，学习曲线这一工具被广泛运用。

根据 Isoard 和 Soria[22] 及 Söderholm 和 Sundqvist[23] 的模型设定，可再生能源发电的平均成本为发电量和投入要素价格的柯布道格拉斯函数：

$$C_t = \frac{1}{Q_t}\left(kQ_t^{\frac{1}{r}}P_t^{\frac{\delta_L}{r}}\right) = kQ_t^{\frac{1-r}{r}}P_t^{\frac{\delta_L}{r}} \tag{4-2}$$

式中，C_t 为发电平均成本；Q_t 为发电量；P_t 为投入要素价格；δ_L 为学习率；$1-\delta_L$ 为技术进步率，如果风电的学习率 $\delta_L=18\%$，则风电的技术进步率为 82%，在该假设下，如果装机容量翻倍，成本将会降至原来的 82%；r 为规模经济效应；$k = r\left[A_t\delta_L^{\delta_L}\right]^{\frac{1}{r}}$，其中，$A_t$ 为可再生能源的学习过程：

$$A_t = CC_t^{-\delta_L} \tag{4-3}$$

可再生能源的发电平均成本会随着累积装机容量 CC_t 的增加而减少。将式 (4-3) 代入式 (4-2)，可得

$$C_t = k'CC_t^{-\frac{\delta_L}{r}}Q_t^{\frac{1-r}{r}}P_t^{\frac{\delta_L}{r}} \tag{4-4}$$

式中，$k' = r\left(\delta_L^{\delta_L}\right)^{\frac{1}{r}}$。

用 GDP 平减指数可以计算投入要素价格的影响。假定生产成本中投入的份额与计算 GDP 平减指数时的权重一致，引入实际单位成本，式(4-4)中的价格因素将被消除。可再生能源的发电平均成本函数为

$$C_t = k'CC_t^{-\frac{\delta_L}{r}} Q_t^{\frac{1-r}{r}} \tag{4-5}$$

在式(4-5)两边取对数并加入随机项：

$$\ln C_t = \beta_0 + \beta_1 \ln CC_t + \beta_2 \ln Q_t + \varepsilon_t \tag{4-6}$$

式中，β_0 为截距；β_1 β_2 为对应参数的回归系数；ε 为白噪声。

因此，得到 $\delta_L = -\beta_1 r = -\dfrac{\beta_1}{1 + \beta_2}$，$\beta_1$ 和 β_1 可通过回归方程(4-6)估算得出。

运用 1991～2011 年陆上风电和 1998～2012 年的时间序列数据估算出 δ_L 学习率。成本、装机容量和发电量的数据均来自于陈春华和路正南[24]、邸元等[25]的研究及历年中国电力年鉴和美国能源信息署网站。表 4-4 列示了学习曲线的估计参数。

表 4-4　学习曲线的估计参数

发电方式	β_0	β_1	β_2	δ_L
	面板 A			
陆上风电	2.514 (0.102)	−0.107 (0.022)	−0.013 (0.023)	10.8%
	面板 B			
光伏发电	3.094 (0.190)	−0.286 (0.191)	0.003 (0.020)	28.5%

由于数据的缺失，海上风电无法用上述方法估计，我们将参照 Estate[19] 的结果对海上风电的 δ_L 进行测算。根据 Estate[19] 的估算结果，相较于 2011 年 140 英镑/百万(kW·h)，到 2020 年海上风电的成本将会下降 45.5%，同时，装机容量会从 3.93GW 激增至 26.97GW。根据 δ_L 的定义，海上风电的 δ_L 可由式(4-7)所得

$$\delta_L = 1 - \left(\frac{C_{2020}}{C_{2011}}\right)^{\frac{1}{\log_2\left(CC_{2020}/CC_{2010}\right)}} = 12.0\% \tag{4-7}$$

2020 年风力发电和光伏发电的装机容量正在规划中，预计该装机容量在 2015～2020 年将会呈现出线性增长。依据已有数据和相关规划，通过模型估算 2012～2020 年各种可再生能源和火电的上网电价变化趋势如图 4-5 所示。

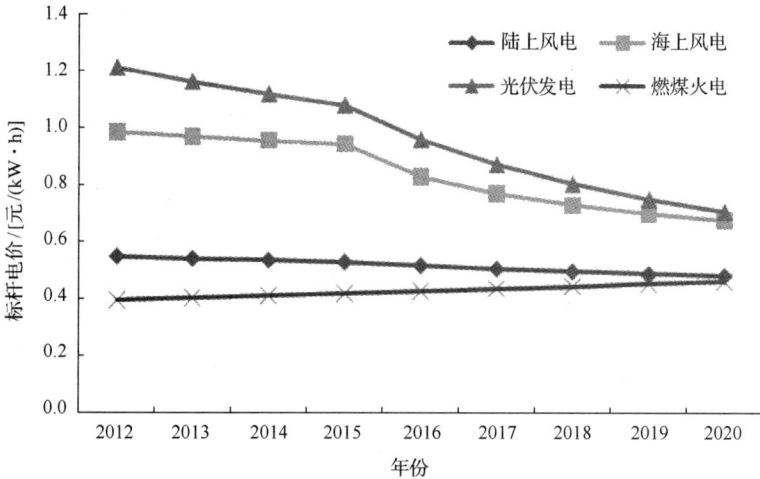

图 4-5　可再生能源和火电的上网电价

4.1.3　接入电网的可再生能源的成本分析

1. 可再生能源的购电成本

相比于传统的电力来源，如火力发电，即使是考虑了未来成本逐步降低，光伏发电和风力发电在成本方面仍具有劣势(特别是海上风电)。因此，可再生能源的大规模开发将导致更高的购电成本。在本节，可再生能源的购电成本是基于前面的结果估算而来的。在计算前，有必要理清中国关于电网的政策，因为这些政策将直接影响可再生能源购电成本的大小。

直观地说，可再生能源的购电成本是上网电价和全网平均上网电价的差额：

$$PC_t = \sum_i \left(\text{Fit}_{i,t} - \overline{P}_{\text{average},t}\right) Q_{i,t} \tag{4-8}$$

式中，PC_t 为购电成本；$Fit_{i,t}$ 为光伏发电和风力发电的上网价格；$\bar{p}_{average,t}$ 为全网平均上网电价；$Q_{i,t}$ 为 t 期第 i 种发电方式上网发电量；$i \in$ {陆上风电；海上风电；光伏发电}。

但是，中国的电网调度政策意味着式(4-8)可能会导致购电成本的正偏差。通过节能调度政策[①]，当可再生能源在电网中占据了更大比例的时候，火电的比例需要降低，水电和核电这两种相对便宜的电力将不受影响。因此，电网在获得风电和光伏发电的同时，需要减少获得的火电以取得平衡。因此，可再生能源的无偏购电成本需要这样衡量：

$$PC_t = \sum_i \left(Fit_{i,t} - p_{coal-fire,t}\right)Q_{i,t} \tag{4-9}$$

式中，$p_{coal-fire,t}$ 为全国火电平均上网电价。风电和光伏电的上网电价 $Fit_{i,t}$ 在上部分已经估计出，并显示在了图 4-6 中。需要注意的是，火电的上网电价在不同的省份和时间是不相同的。本书搜集了 2008～2012 年在网火电的价格，因为西藏的数据不可得，数据中并不包含西藏。在构建全国火电平均上网电价时，各省份的火电权重被引入其中：

$$p_{coal-fire,t} = \sum_{j=1}^{30} p_{j,t} \times \omega_{j,t} \tag{4-10}$$

式中，$p_{j,t}$ 为不同省份的上网火电价格；ω 为省级火电权重；j 为不同的省份。

全国火电平均上网电价采用式(4-10)计算。2012 年，火电平均价格为 0.396 元/(kW·h)。与此同时，由于价格呈现上升趋势，它的年增长率设定为 2%[②]。因此，2015 年全国火电平均上网电价为 0.420 元/(kW·h)；2020 年，这一数字将达到 0.464 元/(kW·h)。

通过对中国的电网调度制度的分析处理，数据结果克服了估计的正偏差。2012 年，可再生能源的无偏购电成本为 381.6 亿人民币，2017 年达到峰值 408.0 亿人民币。可再生能源的购电成本如图 4-6 所示。2015 年后购电成本的快速增长主要是由于海上风电的爆炸性增长(增长 500%)。

[①]这项政策意味着中国政府指示电网管理者，以给可再生能源优先权。

[②]2008～2012 年，国内火电平均上网电价年均增长率为 1.9%。

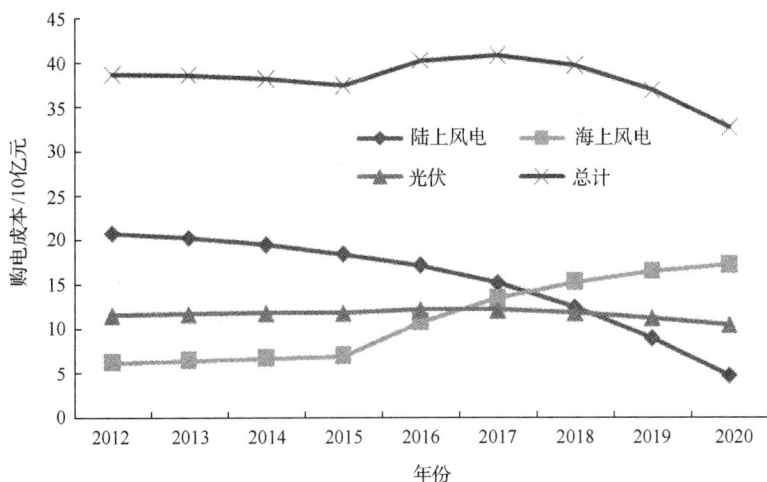

图 4-6　可再生源的购电成本

2. 可再生能源的并网成本

可再生能源的并网挑战带来了可再生能源的并网成本。在过去的几年中，对于可再生能源对电力系统的影响的理解已经有了实质性的进展[26]。风电和光伏发电是间歇和随机的，这两个特性可能会对电网的正常运行造成影响。因此，除了前面分析的购电成本，大规模发展可再生能源需要建设相应的配套设施，这将最终导致电网运行成本的上升。准确评估这些成本是非常重要的，这样将风电和光伏电同其他类型电力进行比较才相对公平。

可再生能源的随机性和间歇性将会决定可再生能源的并网成本——电网基础设施成本和系统平衡成本[27]。因此，本节将从这两个方面分析可再生能源的并网成本。

1) 电网基础设施成本

电网基础设施对于可再生能源并网来说是个重大挑战。电网基础设施分析表明，如果在电网中可再生能源的占比急剧增加，将极大刺激未来电网升级的需求[28]。例如，为了确保获得可靠的并传输可再生能源发出的电，改变电网、强化其结构将是必需的。因此，未来投资的很大一部分将用于强化电网运输系统。

可再生能源快速大规模的发展已经引起越来越多人对电网容量的担心。这样的发展将需要增加电网基础设施，如一个更强大的转换网络[16,29,30]。尽管可再生能源的加速发展需要新的设施已经成为一种共识，但对于中国到底需要花费多少在电网基础设施建设上仍然没有太多了解。

Mills[16]衡量了陆上风电所需电网基础设施的单位成本。结果显示，电网基础设施成本为 0.015~0.025 美元/(kW·h)。对于海上风电，降低并网对电网的冲击是十分重要的。因此，有必要建设更多高伏电缆并提高电网强度。ECOFYS[19]分析了海上风电的传输成本及到 2020 年的成本路径，海上风电的电网基础设施建设成本为 0.015~0.018 英镑/(kW·h)。对于光伏发电而言，根据 Kannan 等[31]的研究，其基础设施成本为 0.020~0.034 美元/(kW·h)。考虑到技术进步的可能性，进一步地假设电网基础设施成本将在 2012~2020 年呈现线性下降[27]，我们在2012年取较高值，在2020年取较低值（表4-5的面板 A）。

表 4-5 并网电网成本分析参数估计

参数	含义	取值	来源
面板 A 电网基础设施成本：每单位运输成本			
t	陆上风电	0.015~0.025 美元/(kW·h)	Mills[16]
	海上风电	0.015~0.018 英镑/(kW·h)	ECOFYS[32]
	光伏发电	0.020~0.034 美元/(kW·h)	Kannan 等[31]
面板 B 系统平衡成本			
I	投资的单位成本	3898 元/(kW·h)	基于清远抽水蓄能电站
α	平衡配置	1∶0.25	
n	折旧期	25	
r	投资回收率	10%	
ζ	能量转换效率	70%~80%	Viladrich[33]

图 4-7(a) 显示了电网基础设施成本。2012 年，成本是 259.8 亿元人民币，到 2015 年，成本升至 278.8 亿元人民币，到 2020 年，成本将飙升至 453.2 亿元人民币。因为陆上风电装机容量的巨大增加，陆上风电所需的电网基础设施成本在总成本中占据了最大的比例。但这个比率将会降低，到 2020 年，陆上风电电网基础设施成本将占总成本的 62.8%，而这个比例在 2012 年则为 81.5%。海上风电和光伏发电的发展导致其电网基础设施成本的快速增长，尤其是在 2015~2020 年这一快速增长期。

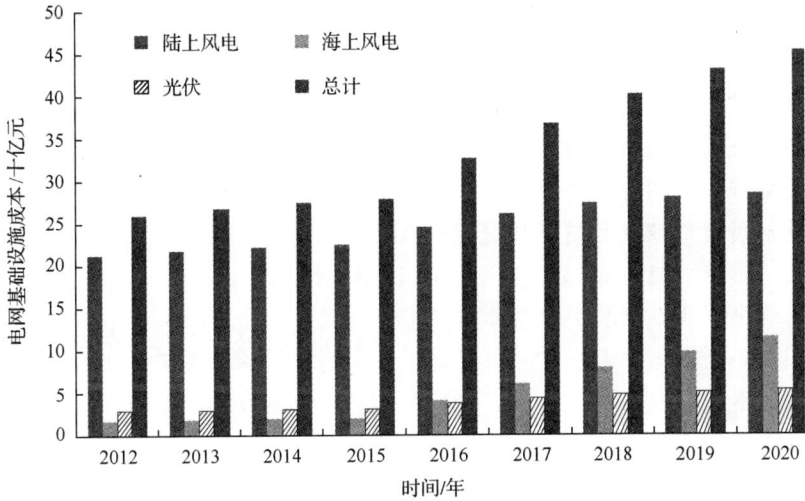

(a) 可再生能源的电网基础设施成本

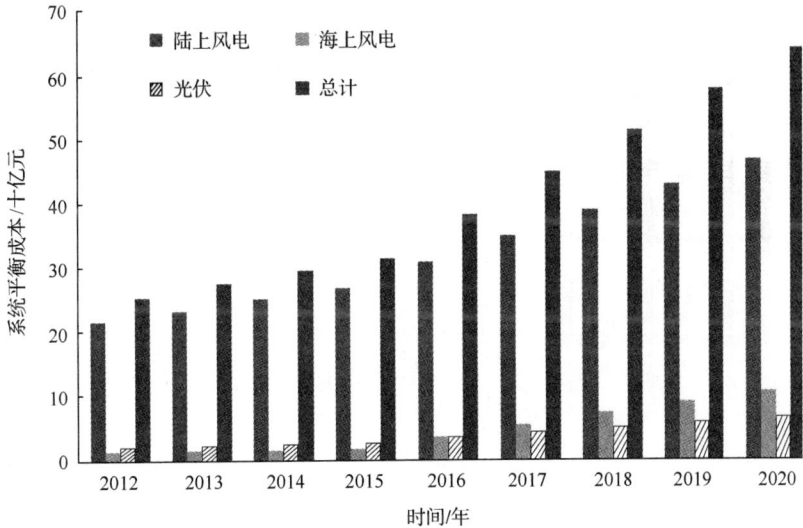

(b) 可再生能源的系统平衡成本

图 4-7　可再生能源的并网成本变化示意图

2) 系统平衡成本

可再生能源(尤其是风力发电和光伏发电)的间歇性和随机性需要系统平衡容量设置来转变电力负荷进行峰值调控。抽水蓄能电站是其中最有效和最成熟的方案。为了维持电网电力供需的动态平衡,有必要在电力充足时蓄水在高处，并在用电高峰期放水推动涡轮机发电来满足用电高峰需求。通过这种方法，抽水蓄能电站能够将负载从高峰移向低谷，这对于电网维持实时平衡是至关重要的。在系统平衡成本的估计中，可再生能源的调峰是以使用抽水蓄能电站为假设的，理由如下：2015 年抽水蓄能电站的实际装机容量为23GW，根据可再生能源"十二五"规划，2020 年将达到 70GW。根据 1∶0.25的系统平衡容量设置，即使考虑到核能的调峰要求，抽水蓄能电站的容量仍能满足系统的平衡需求。

系统平衡成本来源于两部分：抽水蓄能电站的建造成本和平衡时的电力损失成本。根据中国南方电网有限责任公司的清远抽水蓄能电站的结算，平均投资成本大约为 3898 元/(kW·h)[①]。假设每年回收的成本相等，预计净残值为零，那么，每年抽水蓄能站的建造成本为

$$\sum_i \alpha \times CC_{i,t} \times I \times \frac{r(1+r)^n}{(1+r)^n - 1} \tag{4-11}$$

式中，I 为总投资成本；α 为平衡配置；r 为投资收回率；n 为折旧期。

系统平衡时的电力损失通常被忽略。根据世界抽水蓄能电站的运营数据，抽水蓄能电站的能源转换效率为 70%～80%[32]。2015 年，中国抽水蓄能电站的能源转换效率为 75%。将技术进步的因素考虑在内，假设 2020 年中国抽水蓄能电站的能源转换效率将提升到 80%，这已经是目前最先进的能源转换效率了。将系统平衡时的电力损失纳入考量，总体的系统平衡成本为

$$\sum_i \alpha \times CC_{i,t} \times I \times \frac{r(1+r)^n}{(1+r)^n - 1} + \sum_i (1-\xi) \times p_{i,t} \times Q_{i,t} \tag{4-12}$$

式中，ξ 是能量转换效率。表 4-5 中的面板 B 展示了系统平衡成本的参数及相关的参考值。

系统平衡成本分析结果如图 4-7(b) 所示。2015 年，可再生能源的系统平衡成本为 314.9 亿元人民币，2020 年将为 639.7 亿元人民币。在这其中有相当一部分(超过 60%)来源于电力损失成本，这一事实成为分析系统平衡成本组成的重要切入点，下面将分析这个问题。

---

① 假设抽水蓄能电站的建造成本保持不变，原因如下：一方面，技术进步可能导致未来的成本下降；但另一方面，由于较好的建站地点越来越难找到，建造成本将被提高。

4.1.4　可再生能源的成本分摊

在 4.1.3 节中，我们测算了包括购电成本和并网成本在内的可再生能源的成本。在这部分，将进一步研究可再生能源的成本分摊问题，详细地分析结果见表 4-6。

表 4-6　可再生能源的成本分摊　　　（单位：十亿元）

成本分类			成本		分摊
			2015 年	2020 年	
购电成本			37.35	32.57	消费者
并网成本	基础设施成本		27.88	45.32	消费者(小部分) 电网企业(大部分)
	系统平衡成本	电站的建造成本	11.81	24.05	消费者
		电力损失成本	19.68	39.92	尚不明确

鉴于可再生能源的上网电价高于火力发电的上网电价，我们首先分析购电成本的分摊问题。根据《国家发展改革委关于完善太阳能光伏发电上网电价政策的通知》和《国家发展改革委关于完善风力发电上网电价政策的通知》，自 2012 年以来，通过费用分摊机制，风电和光伏发电等的上网电价超过了脱硫燃煤机组的上网电价部分，由包含在销售电价中的可再生能源附加电价分担，实际上由消费者承担，这部分价格自 2012 年以来为 0.008 元/(kW·h)。2012 年，通过可再生能源电价附加机制筹集了大约 130 亿元的发展资金。然而，即使不考虑并网成本，该资金仍存在约 200 亿元的缺口。

图 4-8 为我国购电成本分摊的大体模式，可以看到，电网企业并不承担购电成本。首先，清洁能源发电上网优先于火电，在电力实现平衡的条件下，清洁能源发电量增加将导致火电并网电量下降。其次，风电、光伏发电等上网电价超出煤电机组上网电价的部分通过可再生能源电价附加征收的资金补偿给企业，这部分成本实际上通过销售电价由消费者承担。

其次，本节将研究并网成本的分摊问题，下面主要对系统平衡成本和电网的建造成本进行分析。2012 年电网的建造成本是 259.8 亿元，2015 年增加到 278.8 亿元，到 2020 年将激增到 453.2 亿元。但目前的政策和补贴基本上主要针对发电设备成本和发电成本，而较少涉及与并网配套的相关成本问题。以 2010 年 1～9 月第七期可再生能源补贴分配情况为例，发电项目的补贴额约为 89.3 亿元, 其中电网基础设施补贴金额约 3.7 亿元, 仅为可再生能源电价附加征收的资金的 3.98%, 超出补贴的成本部分由电力企业自行承担。

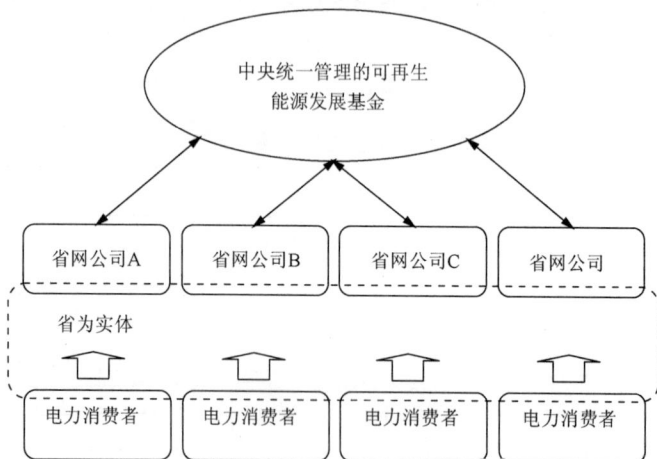

图 4-8　购电成本的分摊

关于系统平衡成本问题, 涉及抽水蓄能电站的建造成本和平衡时的电力损失成本两个部分。目前,"国家核定租赁费模式"保证了抽水蓄能电站建设的还本付息和合理收益, 但是并没有明确规定抽水蓄能电站运行费用如何分摊, 而这部分费用占据了总成本的很大一部分。2015 年系统平衡成本为 314.9 亿元, 2020 年将为 639.7 亿元, 其中 60% 来源于抽水蓄能电站能量转换过程中电力损失的费用, 这个问题是影响抽水蓄能电站在可再生能源发展中扮演好调峰角色的一个重要因素。

4.1.5　结论和政策建议

近年来, 随着全球变暖和化石能源污染的日益严重, 可再生能源引起了人们极大的关注。我们在综合考虑购电成本和并网成本(包括电网基础设施成本和系统平衡成本)的基础上, 全面测算中国清洁能源并网发展的成本和成本分摊问题。现有文献鲜有涉及可再生能源的成本问题, 尤其电网基础设施成本和系统平衡成本。我们通过研究清洁能源发电成本及其对中国可持续发展的影响, 填补了这一项空白。

首先, 运用上网电价的定价模型和动态学习理论, 估计了可再生能源的上网成本及成本降低的方式。结果表明, 在 2015 年的技术水平下, 陆上风电的上网电价为 0.548 元/(kW·h),海上风电为 0.984 元/(kW·h),光伏发电为 1.210 元/(kW·h),比较接近于实际的标杆电价。在 2015~2020 年,陆上风电成本总体会有 28.1%的降幅,光伏发电成本总体会下降 34.5%。

其次,根据清洁能源上网电价测算的结果,对清洁能源的购电成本进行了计算。在 2012~2020 年,新增购电成本为 325.7~408.0 亿元,在 2017 年到达顶峰。考虑节能调度原则的影响,估算产生的正偏差可忽略不计。同时,结果表明,清洁能源购电成本受技术进步水平的影响很大,因此,在保证上网电价能够令发电企业实现正常收益率的基础上应该加大对研发环节的关注。

结果还表明即使在技术进步的情形下,直至 2020 年,可再生能源的并网成本将会一直增加。可再生能源,特别是陆上风电和光伏发电在 2015~2020 年会迎来爆发式的增长。受此影响,2012 年总的并网成本为 514.1 亿元,2015 年升至 593.7 亿元,2020 年将会激增至 1092.9 亿元。

受中国清洁能源政策和制度的影响,这些成本将由不同的利益相关者承担。我们首次对清洁能源的成本分摊进行了分析,结论如下:

根据国家发展和改革委员会的费用分摊机制,购电成本通过可再生能源电价附加征收的资金补偿给电网企业,实际上由消费者通过销售电价承担。而在节能调度政策和费用分摊机制下,对电网企业而言并不存在购电价差,也就是说,电网企业并不承担上述购电成本。

相较而言,并网成本的分配较为复杂。一方面,大部分基础设施成本由电网企业承担,只有非常小的一部分由可再生能源电价附加征收资金来补贴。这就不难解释为什么尽管清洁能源的发展并不影响电网企业的购电成本,但电网企业仍旧对发展可再生能源不够积极。在当前市场经济的大环境下,在政策层面,有必要完善制度安排,建立更加综合的成本分配机制,充分鼓励和引导包括电网企业在内的系统参与者,参与清洁能源电力的发展。另一方面是系统平衡成本。目前,"国家核定租赁费模式"虽然保证抽水蓄能电站建设的还本付息和合理收益,但是并没有明确规定抽水蓄能电站运行费用(主要因为运行过程中将产生大量的电量损耗)如何分摊,这个问题成为影响抽水蓄能电站在清洁能源发展中扮演好调峰角色的一个重要因素。因此,需要建立相应的补偿机制和费用疏导机制,保证抽水蓄能电站的良性发展,以满足未来清洁能源大规模并网发展催生的巨大调峰需求。

4.2　中国可再生能源补贴政策量化分析：
以分布式光伏为例

4.2.1　中国分布式光伏发展

1. 中国分布式光伏近年发展概况(2013~2015 年)

2013 年，自国家发展和改革委员会(能源局)、财政部和国家电网公司正式明确了光伏上网电价补贴新能源补贴(Feed-in-Tariff，FIT)政策后，一系列支持政策如并网接入、项目备案等纷纷出台，中国国内光伏市场有了明确的政策指导，并迅速发展。根据 2015 年 3 月国家能源局最新核准的数据，2013 年，中国累计并网运行光伏发电装机容量为 17.45GW，其中光伏电站装机容量为 14.83GW、分布式光伏装机容量为 2.62GW(国家能源局于 2015 年核实下调 2013 年统计数据，原数据为光伏发电装机容量为 19.42GW，其中光伏电站装机容量为 16.32GW、分布式光伏装机容量为 3.1GW)，全年累计发电量 90 亿 kW·h，新增装机容量居世界首位。

由此，2014 年，中国政府定下了 14GW 的年度光伏装机容量目标，其中规划集中式光伏装机容量为 6GW、分布式光伏装机容量为 8GW。至 2014 年年底，中国光伏发电累计并网装机容量为 28.05GW，仅次于德国居世界第二位。其中，光伏电站装机容量为 23.38GW、分布式光伏装机容量为 4.67GW，全年累计发电量 250 亿 kW·h，同比增长超过 200%。发电量与总装机容量之比提高了 73%，这说明 2014 年光伏发电上网情况取得了较为明显的改善。与德国进行对比，德国截至 2014 年光伏总装机容量为 38.2GW，年总发电量为 253 亿 kW·h。考虑到德国平均日照小时数约为 1500h/a，中国光伏平均日照小时数取发电集中的西部地区的 2500~3000h/a 计算，中国的总发电量和总装机容量与德国相比，即光伏发电上网比例仍与德国有约 20%~30%的差距。

2014 年，中国新增装机中，光伏电站装机容量为 8.55GW，分布式光伏装机容量为 2.05GW。可以看出，2014 年，新增集中式光伏装机容量超额完成目标的 42.5%，而新增分布式光伏装机容量只完成了规划的 25.6%，并不尽如人意。图 4-9 为 2013~2015 年中国光伏规划装机容量与实际装机容量示意图。

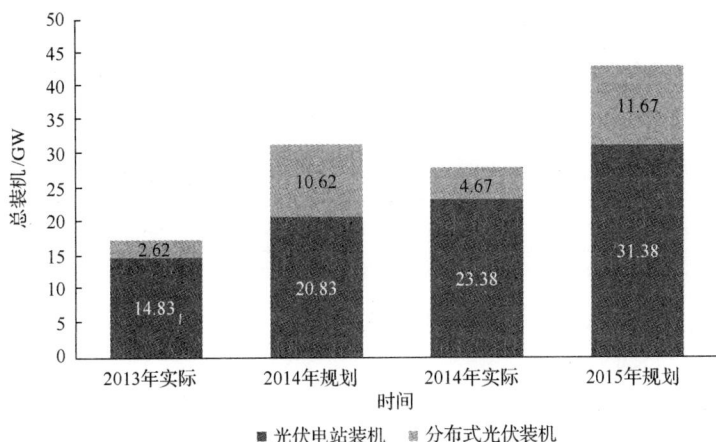

图4-9　2013～2015年中国光伏规划装机容量与实际装机容量示意图

　　表4-7为2014年中国光伏项目分地区建设情况，篇幅所限，仅列出累计装机在500MW以上的省份和地区。可以看出，除西部地区以外的地区(即普遍光照条件属于Ⅱ、Ⅲ类的中东部地区)分布式光伏占比并不占优势。东部装机量最大的河北省与江苏省，分布式光伏所占比例也仅为18%与33%，其2014年新增装机中分布式光伏的比例也仅仅占8%与38%。

表4-7　2014年中国光伏项目分地区建设情况表　　　　　(单位：MW)

地区	累计		新增	
	总量	分布式光伏	总量	分布式光伏
全国	28050	4670	10600	2050
全国(规划)	—	—	14000	8000
河北	1500	270	970	80
江苏	2570	850	1520	570
浙江	730	700	300	270
广东	520	500	220	200
安徽	5100	250	430	180
山东	6000	380	320	180
陕西	5500	30	420	10
内蒙古	3020	180	1640	40
甘肃	5170	0	970	0
青海	4130	0	1020	0
宁夏	2170	0	820	0
新疆+兵团	3560	40	590	0

资料来源：国家能源局

表 4-8 为截至 2014 年 6 月中国光伏项目建设情况表。由表 4-8 可以看出，不管是已建成的还是审批通过的项目中，中国的光伏项目仍以较大规模的集中式电站为主，小规模项目数量与总装机数仍相对较低。

表 4-8　截至 2014 年 6 月中国光伏项目建设情况表

项目情况		≤6MW	6MW<X≤20MW	20MW<X≤100MW	>100MW	总计
已建成项目	项目数量	425.0	558.0	219.0	5.0	1207.0
	平均装机/MW	2.4	14.6	42.0	244.0	16.2
	总装机/GW	1.0	8.2	9.2	1.2	19.6
	占比	5.0	42.0	47.0	6.0	—
在建项目	项目数量	54.0	136.0	108.0	7.0	305.0
	平均装机/MW	3.5	14.9	4.8	176.5	28.6
	总装机/GW	0.2	2.0	5.3	1.2	8.7
	占比	2.0	23.0	60.0	14.0	—
审批通过项目	项目数量	63.0	89.0	54.0	3.0	209.0
	平均装机/MW	2.7	14.6	44.3	293.3	22.7
	总装机/GW	0.2	1.3	2.4	0.9	4.7
	占比	4.0	27.0	50.0	19.0	—

资料来源：BNEF Project Database

2015 年 1 月，基于上一年的情况，国家能源局下发《2015 年全国光伏发电年度计划新增并网规模表》（征求意见稿），将 2015 年度光伏发电新增装机规模定为 15GW，其中集中式光伏电站 8GW，分布式光伏 7GW。分布式光伏中，屋顶分布式最低规模为 3.15GW。值得注意的是，该文件反映了国家能源局主管部门正式引入配额制政策，持续支持光伏应用发展特别是分布式光伏发展的决心。2015 年 3 月，国家能源局正式公告关于下达 2015 年光伏发电建设实施方案的通知，将 2015 年新增太阳能装机目标大幅上调到 17.8GW。表 4-9 为国家能源局下发的《2015 年度全国光伏年度计划新增并网规模表》（征求意见稿）中限定的 2015 年各地区新增光伏装机规模，省略了中部、西南与东北部分省份。

表 4-9　2015 年各地区新增光伏装机规模表

地区	合计/MW	集中式/MW	分布式/MW	屋顶分布式最低规模/MW	与上年新增分布式安装量之比/%	与累计分布式安装量之比/%
全国	15000	8000	7000	3150	660	150
北京	500	—	500	500	1000	357
上海	500	—	500	500	—	313
河北	1000	400	600	300	750	222
山西	500	300	200	100	2000	2000
内蒙古	800	600	200	100	500	111
江苏	1000	300	700	350	122	82
浙江	1000	300	700	350	259	100
江西	400	150	250	100	166	96
山东	800	200	600	300	333	158
广东	800	200	600	300	300	120
陕西	500	350	150	50	1500	500
甘肃	500	400	100	50	—	—
青海	1000	800	200	50	—	—
宁夏	800	600	200	50	—	—
新疆+兵团	1700	1300	400	150	—	1000

资料来源：国家能源局

注：北京、天津、上海分别设定 50MW 为最低目标，不设上限

从表 4-9 中可以看出，2015 年完成分地区的安装目标对于各省来说很有难度。除西部以集中式光伏电站为主的陕西、甘肃、青海、宁夏与新疆及兵团，其余列出的 10 个省份与地区中，2015 年，新增分布式光伏装机普遍需要 100%以上的增长，其中一些省份甚至需要十倍的增长。即使是将新增分布式装机与各省累计分布式光伏装机比较，2015 年，除江苏省与江西省稍低于100%以外，其余各省也普遍需要在现有总分布式装机上实现翻番。

在上述情况下，特别是在 2014 年分布式光伏装机规划完成度极低的情况下，2015 年政府继续制定同样高的年度规划，其完成情况是否可期是本节主要分析的内容。

2. 中国分布式光伏的发展意义

如上所述，尽管中国分布式光伏的发展与政府规划有较大差距，中国政

府仍然将分布式光伏作为光伏发展的重点。一般来说,分布式光伏有以下 3 个优势:第一,分布式光伏一般安装在建筑物顶部,对大片空置土地的要求较小;第二,分布式光伏一般直接与配电网相连接,不需要额外接入设施,节省建设成本与建设时间;第三,在需求端设计与安装分布式光伏,能够直接针对用电需求有效减少传输损失。另外,分布式光伏对中国有两个特殊的意义。

首先,中国已作出碳减排目标规划。2014 年 11 月 12 日,在中美双方发布的联合声明中,中国首次提出计划在 2030 年左右 CO_2 排放达到峰值且将努力早日达到峰值,并计划到 2030 年非化石能源消费占一次能源消费比重提高到 20%左右。由此中国政府规划,到 2020 年中国非化石能源消费占比应提高到 15%。考虑到水电、核电等有较长的建设周期,光伏发电作为非化石能源的重要组成部分,具有非常大的发展需求空间,2020 年其发电量预计将达到 1 亿 kW·h。碳减排目标是中国光伏行业向好的最重要的指南针。

其次,中国的消纳问题决定了中国分布式光伏的重要性不低于集中式光伏。中国能源消费最大的特征是能源资源与生产力逆向分布,八成以上的煤炭、水能、风能和太阳能资源分布在西部和北部地区,七成以上的电力消费集中在中东部地区。这样的逆向分布决定了中国必须在用电集中地区建设光伏发电,而在东部地区,分布式光伏较集中式光伏更为适宜。

考虑到中国的特高压。截至 2014 年,中国已建成"三交四直"特高压工程,"两交一直"工程正在建设,"一交"工程获得核准,变电(换流)容量超过 1.5 亿 kW。虽然从直观上看,2014 年西部集中式光伏完成情况超出预期,在发电小时数与规模上也明显占有优势,但是,现阶段"集中式光伏发电+特高压输送"的模式并不能取代分布式光伏的重要性。第一,特高压输电必须保持稳定的输送功率。中国西部的集中式光伏虽然发电量、发电密度与效率高于分布式光伏,但是其稳定性仍然难以满足特高压输电的需求。第二,基于光伏发电的不稳定性,考虑到消纳技术,建设在中东部地区的分布式光伏由于分散且靠近用电端,对电网设施的冲击较小;另外,东部地区更适合在未来智能电网的发展中采用多种形式调峰。而对于西部集中式光伏来说,如果要进行特高压输送,现阶段仅有采用火电与光伏"打捆"输电的模式,其成熟度还有待实验。第三,中国现在并没有专为集中式光伏设计的特高压输电线路,而西部集中式光伏电站也并没有完全考虑由特高压输送来规划布局。与可再生能源相关的特高压直流输电工程路线现阶段只设计唯一一条,即"风火打捆"的酒泉-湖南±800kV 高压直流输电工程,而该项目仍处于核准阶段。甘肃酒泉是中国最大的千万千瓦级风电基地，远景规划风电装机容量为 3565 万 kW。2014 年，酒泉风力装机容量达到 8GW，年发电量超过 100亿 kW·h，远高于西部集中式光伏发电量。与之对比可以看出，如果需要将西部集中式光伏发电通过特高压输送到东部，无论从技术上还是发展规模上都需要有一个较长的过程。

4.2.2　中国分布式光伏政策路线与政策比较

1. 历年政策

表 4-10 为中国自 2013 年正式实施 FIT 政策以来出台的主要的与分布式光伏相关的政策统计表。

表 4-10　2013 年以来中国分布式光伏相关政策统计表

出台时间	政策内容	制订方
2013 年 7 月	《关于促进光伏产业健康发展的若干意见》	国务院
2013 年 7 月	《关于分布式光伏发电实行按照电量补贴政策等有关问题的通知》	财政部
2013 年 8 月	《分布式发电管理暂行办法》	发展和改革委员会
2013 年 9 月	《支持分布式光伏发电金融服务的意见》	国家开发银行
2014 年 7 月	《关于推荐分布式光伏发电示范区的通知》	国家能源局
2014 年 9 月	《关于加快培育分布式光伏发电应用示范区有关要求的通知》培育一批分布式光伏发电示范区，进一步加大分布式光伏的推进力度	国家能源局
2014 年 9 月	《进一步落实分布式光伏发电有关政策的通知》度电补贴政策可以调整为标杆电价上网、增加发电配额、允许直接售电给用户、提供优惠贷款、按月发放补贴等	国家能源局
2014 年 9 月	《关于征求可再生能源电力配额考核办法意见函》可再生能源配额制方案即将出台，国家将为各省及电网企业指定可再生能源电力配额指标，通过强制性政策促进可再生能源产业发展	国家能源局
2014 年 10 月	《关于开展新建电源项目投资开发秩序专项监管工作的通知》开展新建电源项目投资开发秩序专项监管	国家能源局
2015 年 1 月	《2015 年光伏发电建设实施方案(征求意见稿)》规划 2015 年全国新增光伏发电并网容量目标为 15GW 左右，其中分布式光伏 7GW。对各地区提出最低任务指标，但不设年度规模上限。	国家能源局

为了鼓励本地区分布式光伏发展，中国诸多省(自治区、直辖市)、市也出台了额外的分布式光伏优惠补贴政策，其中浙江省及其下属市县对分布式光伏的补贴最为引人关注。表 4-11 为 2014 年中国主要地区的分布式光伏额

外补贴政策统计表，主要列出在上网电价补贴或是初装费补贴等方面有成文政策的经济投入的地区。

表 4-11　2014 年中国主要地区的分布式光伏额外补贴政策统计表

地区	政策		
	直接提高 FIT/[元/(kW·h)]	额外地区性 FIT 补贴/[元/(kW·h)]	装机补贴/(元/W)
上海市		工商业用户 0.25，个人用户 0.4，为期 5 年	
湖北黄石		0.1，补贴 10 年	
江西省		0.2，补贴 20 年	
山东省	1.2(2013～2015 年)	0.05	
江苏省	1.2(2014 年)，1.15(2015 年)		
安徽合肥		0.25	一次性 3 元/W
河南洛阳			0.1 元/W，奖励 3 年
河北省	1.3(2014 年)，1.2(2015 年)		
浙江省		全省补贴 0.1，以下为地区额外补贴	
浙江嘉兴	光伏园区内 2.8，补贴 3 年，逐年下降 0.05		
浙江温州		0.15(2014 年)，0.1(2015 年)，居民家庭 0.3，补贴 5 年	
浙江海宁		0.35，补贴 5 年	对屋顶资源提供方，一次性补贴 0.3 元/W
浙江桐乡		0.3(1～2 年)，0.2(3～5 年)	1.5 元/W 装机补贴 对屋顶资源出租方 一次性补贴 30 元/m²

2. 分布式光伏补贴政策分析

分布式光伏发电的收益主要由两方面决定，一方面是发电端，影响收益最主要的是所安装地区的发电小时数；另一方面是售电端，决定收益的是 FIT 等相应的补贴。我们采用内部收益率(internal rate of return，IRR)计算比较各地区的分布式光伏投资收益。IRR 就是当资金流入现值总额与资金流出现值总额相等、净现值等于零时的折现率，是一项投资渴望达到的报酬率，是能使投资项目净现值等于零时的折现率。

　　IRR 是一个宏观概念指标，一般情况下，当内部收益率大于等于基准收益率时，该项目是可行的。IRR 最通俗的理解为项目投资收益能承受的货币贬值、通货膨胀的能力；同时 IRR 也表示项目操作过程中的抗风险能力；另外如果项目操作中需要贷款，则 IRR 可表示最大能承受的利率。

　　计算项目的 IRR 首先要计算项目的净现值（net present value，NPV）：

$$NPV(i_0) = \sum_{t=1}^{n} NC_t (P/F, i_0, t)$$

式中，NC_t 为第 t 年的净现金流量；i_0 为基准收益率；n 为方案的计划期。IRR 由线性插值法求得近似解，其计算公式为

$$IRR \approx i_0 = i_a + (i_b - i_a)\frac{NPV(i_a)}{NPV(i_a) + |NPV(i_b)|} \tag{4-13}$$

　　计算上海市现阶段分布式光伏项目投资 20 年及 25 年的 IRR，并与西部集中式光伏的 IRR 及德国分布式光伏的 IRR 进行比较，结果如图 4-10 所示。计算及后续计算有关参数见表 4-12。

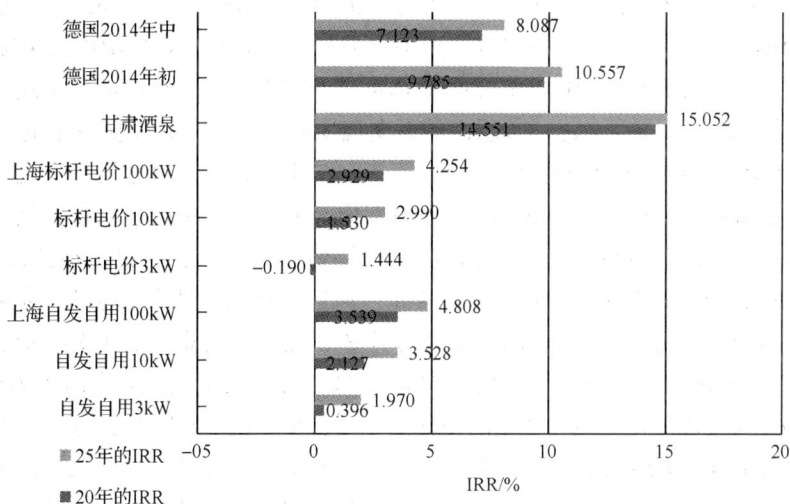

图 4-10　上海市分布式光伏与西部集中式光伏及德国分布式光伏的 IRR 比较示意图
注：德国光伏取 10kW 装机补贴，2014 年年初为 13.68 欧分/(kW·h)，年中为 12.88 欧分/(kW·h)，根据即时汇率进行计算；甘肃酒泉光伏取 100kW 数据

表 4-12　内部收益率计算参数汇总表

光伏发电小时数(千瓦时/千瓦/年)			
北京(河北)：1349	上海：1174	杭州(浙江)：1140	合肥：1212
德国：1538	甘肃酒泉：2500		

光伏发电参数			
系统衰减：0.90%/a	系统效率：80%	维护费用：2.5%总投资/a	占地面积(约)：100W/m^2

各地区居民电价(峰谷电价地区取白天峰值)/[元/(kW·h)]			
北京：0.49	上海：0.62	上海工业：0.97	江西：0.60
河北：0.52	安徽合肥：0.57	浙江：0.54	

光伏发电系统投资成本			
规格	3kW	10kW	100kW
单价	11.55/(元/W)	10.30/(元/W)	9.40/(元/W)

数据来源：光照小时数据来自国家可再生能源实验室(National Renewable Energy Laboratory，NREL)
居民电价取自 2014 年 8 月
光伏发电成本来自维科，http://www.ofweek.com/

可以看出，在只有国家补贴的情况下，无论是采取标杆电价计费还是自发自用模式计费，上海市分布式光伏的 IRR 都相对较低。取 10kW 系统 25 年的 IRR 进行比较，上海市自发自用 IRR 比德国 2014 年年中 IRR 低 4.56 个百分点，比甘肃酒泉集中式光伏发电 IRR 低 11.52 个百分点。而分布式光伏发电系统对于安装成本比较敏感，随系统规模的变小分布式光伏发电的 IRR 明显下降，上海采用标杆电价进行计价的 3kW 小型光伏发电系统甚至无法取得正的 IRR。考虑到中国 2014 年 3.3%的通货膨胀率，可以看出在仅仅只有国家分布式光伏补贴政策下，投资分布式光伏缺乏动力是很自然的现象。

按表 4-12 中所列的上海市分布式光伏额外补贴政策结果，考虑工业电价与民用电价的不同，计算补贴政策下的 IRR 变化。民用系统取 10kW 安装价格，工业系统取 100kW 安装价格，如图 4-11 所示。可以看出，上海市为期 5 年，0.4 元/(kW·h)的额外补贴能够使 25 年的 IRR 上升 1.38 个百分点，然而补贴后的 IRR 仍然处于不高的水平。由于上海市工业电价较高，仅有国家补贴的工业 25 年的 IRR 高达 9.208，相当可观；而在享受了地区额外补贴之后，提高了 2.87 个百分点，超过了上述德国的 IRR。然而，考虑到上海市工业单价的特殊性，以及工业设施上的分布式光伏规模较大、项目建设可能要引入银行贷款，所以与工业结合的分布式光伏实际收益需要下调。

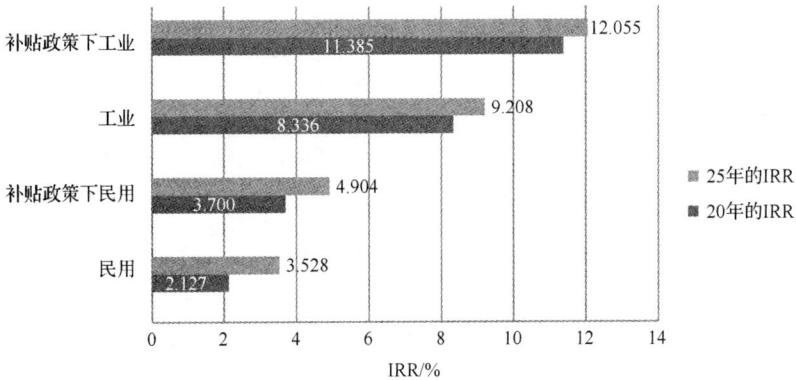

图 4-11　上海市分布式光伏补贴政策下的 IRR

按照表 4-11 的各地区政策，计算出各地区仅有国家补贴与结合本地补贴的分布式光伏的 25 年的 IRR，系统取 10kW，计算参数见表 4-12，计算结果如图 4-12 所示。

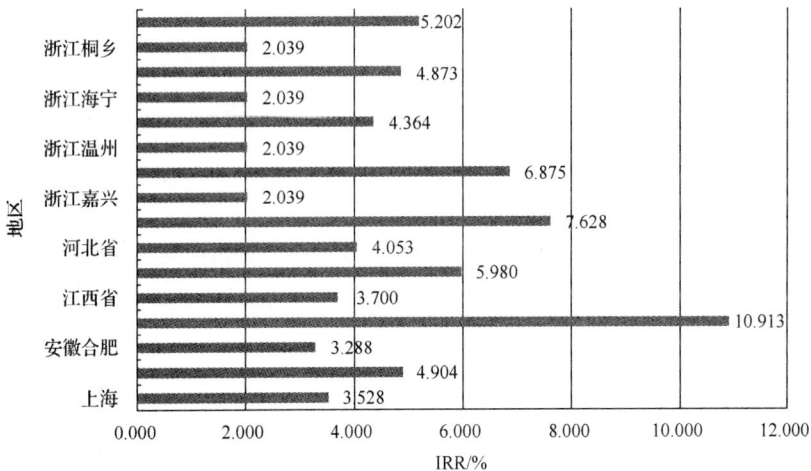

图 4-12　各地分布式光伏政策效果

可以看出，安徽合肥市由于同时存在长期的 FIT 补贴及最高的出装补贴，25 年的 IRR 上升了 7.63 个百分点，而其他地区 25 年的 IRR 普遍上升 2～4 个百分点，集中在 4～7 个百分点。与集中式光伏相比较，如果我们认为集中式光伏的收益率是支持其快速发展、达到规划目标的最重要因素，那么，按照已出台的这些各地区额外补贴政策，2015 年中国分布式光伏的激励仍然不够。依据本书数据估计，中国 2015 年的分布式光伏装机容量可能达到 4～

5GW，而实际数据为 1.39GW，这都与规划容量 8GW 仍存在一定距离。

　　3. 配额制的比较

　　配额制与上网电价政策作为支持可再生能源发展的两大机制，有着很多的比较研究。总体来说，上网电价制是比配额制更为广泛应用的政策，上网电价政策一般适用于可再生能源发展的起步阶段，而配额制更多的适用于可再生能源发展的成熟阶段。通常情况下上网电价政策与配额制政策不会同时适用。上网电价通过直接定价方式使投资者获得稳定可预期的收益；而配额制更多的是需要通过市场机制引导发电企业以最低的成本开发可再生能源，其补偿具有不确定性。

　　国外配额制主要有如下 3 个特点：第一，从国外可再生能源配额制承担主体来看，只有少数是发电企业，大部分都是供电企业。实践表明，供电企业作为承担主体，在售电侧市场放开的条件下，能够采取更灵活的方式将配额义务成本通过终端销售电价进行疏导；如果是发电企业作为承担主体，一般采取购买可再生能源发电证书的形式，将配额制义务成本传导至常规发电企业。第二，国外可再生能源配额指标分配到各个地区时，更多地考虑到了资源条件、地区经济发展水平和该地区电网情况。第三，国外配额制的运作机制较为灵活，主要基于电力市场化运行机制进行调节。表 4-13 对中国此次配额制与世界施行配额制的主要国家和地区的配额制进行了比较。

表 4-13　世界施行配额制的主要国家和地区的可再生能源配额制比较

国家和地区	配额内容与承担主体	运作机制	成本承担
美国加州	供电企业，购买一定比例可再生能源电量	基于可再生能源交易市场，并有罚金	售电市场开放，通过终端销售电价疏导
日本	供电企业，根据电网网架坚强情况为九大电力公司分配收购电量	基于可再生能源证书交易市场进行考核	通过终端销售电价疏导
英国	供电企业，不同地区制定不同配额，地区内各企业承担配额比例相同	基于可再生能源交易市场进行考核	售电市场开放，通过终端销售电价疏导
意大利	发电企业，各发电企业承担同样配额	基于可再生能源交易市场进行考核	发电侧市场开发，政府回购证书
中国	各级政府	对政府进行考核	政府与电网企业

　　可以看出中国此次的配额制在成熟度上与可操作性上与世界施行配额制的主要国家和地区相比有很大的差距。首先，其他国家与地区配额制是基于

电力市场的市场化基础上，由政府制订配额，供电企业或发电企业作为承担主体，而不是仅仅对各级政府进行责任分配；其次，市场化的运作机制保证了可再生能源配额可被交易，更有利于资源配置，增强了配额制的灵活性与可操作性；最后，此次中国制定如此大规模的分布式光伏配额，达到这个目标需要各级政府额外提供优惠政策与补助，这部分资金来源尚未明确，也不可能通过市场机制进行有效传导。因此，中国此次的配额制，无论从制定、运作机制还是考核机制上都无法体现市场的作用，很不成熟。

4.2.3　中国分布式光伏的利好与利空

1. 利好

1）光伏成本的下降

光伏成本持续大幅度下降，以光伏组件为例，按汇率折算，光伏组件价格已经突破 4 元/W 的关口。图 4-13 为 2012～2015 年国际市场光伏组件现货价格。可以看出，虽然在 2013 年，由于"双反"引起的行业波动造成了光伏组件现货价格的小幅度上扬，但总体上看还是呈下降趋势，2015 年第二季度平均价格比 2012 年第一季度下降了 37%。每季度平均降低 3.65%。假设 2015 年光伏成本仍以此速度下降，那么依据当时数据对 2015 年第四季度 IRR25 的估算，大约提高约 2 个百分点。

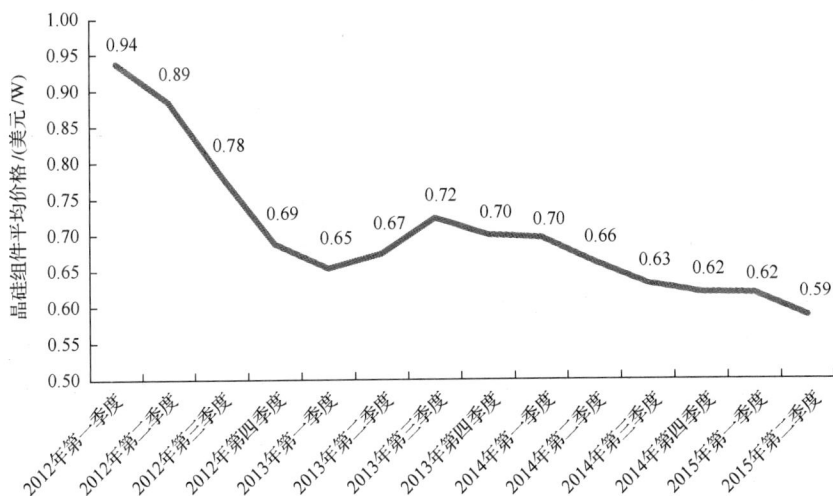

图 4-13　2012～2015 年国际市场光伏组件现货价格

资料来源：PV insights，取每季度第一周价格

2) 行业的整合

中国的光伏行业经过较快速度的发展,特别是在 2012 年左右,国外市场及"双反"等压力造成的不良后果,随着国内市场的逐步放开与美国、日本等国家光伏市场的繁荣,已经逐步消除,产业进入良性发展的轨道,过剩产能得到消化,产业集中度提高,产品成本迅速下降。表 4-14 列出了 2010 年、2012 年和 2014 年中国排名前五的光伏制造企业(按全年组件出货量计)概况。可以看出:第一,中国的光伏领头企业经过 2012 年左右的调整与重组,企业规模与营收状况有了很好的发展。产业规模稳步增长,应用水平不断提高。2010 年,中国电池组年产量为 10.8GW;2013 年,全国电池组件产量约 35GW,占全球份额超过 60%,而电池组件内销比例从 2010 年的 15%增至 43%。第二,国内企业的产能能够满足国内市场的需求,供需不再畸形。第三,国内企业快速发展导致光伏成本大规模下降。简单以排名前五的企业营收与出货量之比衡量组件单位出货成本可以看出,2010 年,所列排名前五的企业总营收与出货量之比为 1.67,而 2014 年下降到 0.69,下降了 59%。

表 4-14　2010 年、2012 年和 2014 年中国排名前五的光伏制造企业概况

2010 年	出货量/GW	营收/亿美元	2012 年	出货量/GW	营收/亿美元	2014 年	出货量/GW	营收/亿美元
尚德[*]	1.57	29.0	英利	2.30	18.3	天合	3.66	22.9
晶澳	1.46	17.8	尚德[*]	1.80	16.3	英利	3.36	20.8
天合	1.06	18.6	天合	1.59	13.0	阿特斯	3.10	29.6
英利	1.06	18.9	阿特斯	1.54	12.9	晶科	2.94	16.1
阿特斯	0.80	15.0	昱辉	0.71	9.7	晶澳	2.40	18.0

[*]无锡尚德于 2013 年申请破产;

资料来源:各公司年度财务报表

2. 利空

1) 政策的无效性与不可靠性

在世界范围内,可再生能源的发展都必须依靠优惠政策支持。中国 2015 年的分布式光伏规划,虽然加入了配额制内容,然而即使是上网电价与配额制双管齐下,政策本身并不成熟且可操作性不足,可能引起无效性。

2) 投资

中国分布式光伏缺乏投资意愿、投资主体的不确定性是现阶段阻碍分布式光伏发展的重要因素。如前所述,中国分布式光伏投资收益率无论是与集

中式光伏相比还是与德国相比都处于较低的水平。在不考虑地区额外补贴的情况下，民用安装的分布式光伏收益较低；工业安装的光伏虽然由于工业电价高于民用电价而收益率相对可观，但也有 3 个影响收益率的潜在因素：第一，与民用相比，由于公司经营、地点变更等因素，工业光伏项目的不稳定性更大；第二，工业光伏项目可能需要贷款支持，拉低了 IRR；第三，工业电价 2015 年年初进行了下调。2015 年 4 月起全国燃煤发电上网电价平均每 kW·h 下调约 0.02 元；全国工商业用电价格平均每 kW·h 下调约 0.018 元。

　　由于需要达到相关规划要求，政府有意愿与责任引导分布式光伏投资，然而由于分布式光伏投资本身主体的多样性与分散性，政府很难进行直接主导。

　　3）安装地点

　　阻碍分布式光伏投资的另一关键因素在于安装地点选择上存在一定的困难。与欧美国家相比，中国城市居民占有屋顶的比例很低。如果考虑政府主导，较容易实现的分布式光伏规划推广有两种，一是安装在公共建筑上，二是强制将分布式光伏纳入新建住宅设计。然而，这两种模式在需要大规模安装分布式光伏的背景下可能不足以满足需要。以上海为例，每年 50MW 的分布式光伏安装量大约需要 50 万 m^2 的适宜屋顶。根据 2014 年上海市统计年鉴，上海学校、医院等大型公共建筑总建筑面积 2013 年为 3722 万 m^2。以平均楼层为 6 层、20% 的屋顶可用计算，可以安装分布式光伏的面积约为 62 万 m^2，仅能满足一年的分布式光伏规划配额。如果考虑新建住宅，上海市 2013 年竣工房屋面积为 2254.44 万 m^2，其中竣工住宅房屋面积为 1417.51 万 m^2。以上海市 2013 年平均楼层高度为 13.69m 计算，新增总屋顶面积约为 100 万 m^2。考虑到屋顶只有小部分适宜安装分布式光伏，另外，只有南向的屋顶或平屋顶安装光伏较为经济，上海每年新增住宅能提供的分布式光伏安装面积很低。

　　综上所述，在农业用地上推广光分布式光伏可能是必要的。国家能源局分布的《关于下达 2015 年光伏发电建设实施方案的通知》中明确提出各地分布式光伏应结合生态治理、设施农业、渔业养殖、扶贫开发等合理配置，应该是现阶段比较可行的解决分布式光伏安装地点选择难题的方法。以上海市为例，2013 年辖区总面积为 6340km²，其中农业用地为 1898km²，因此，2015 年分布式光伏配额所需安装面积仅相当于约 1/4000 农业用地的量，易于规划。

　　4）雾霾

　　中国现阶段中东部广大地区存在的雾霾是光伏发电不可避开的因素。中国分布式光伏发电设计安装在中国中东部经济较发达地区，目的是调整这些地区的能源结构，使其长期有利于环境保护与大气污染控制。然而，现阶段较差的大气质量必然会对光伏发电造成很明显的影响。

根据中国科学院上海微系统与信息技术研究所的光伏系统实证研究结果表明，雾霾重度污染时光伏有效发电小时数降低 80%。按北京市环境保护局数据，2014 年北京重度污染天数为 45 天，空气质量为优的天数为 93 天。考虑安装在北京市的分布式光伏有效发电小时数，如果仅仅考虑重度污染天数的光照降低，全年光照小时数约下降 10%；而如果取平均光照降低计算，全年光照小时数约下降 35%。计算北京市的 IRR，普通情况下，北京 10kW 民用分布式光伏发电系统 25 年的 IRR 为 3.603%，而在上述两种雾霾情况下的 25 年的 IRR 分别降低到 2.165%和-2.179%，这意味着严重的雾霾天气可以完全破坏分布式光伏的经济性。

中国发展可再生能源发电是改善环境质量、治理雾霾的重要考量，但从短期看，可再生能源发电，特别是光伏发电对大气质量的改善较为微小，而受其影响较大；从长期来看，在很长时间内，中国中东部地区光伏发电都要面临这样一个不利因素。

4.2.4　政策建议

由此，本节提出了以下几点可行性建议：

第一，中国分布式光伏发展首要的还是理顺价格。现阶段，基于 IRR 分析，要完成 2015 年分布式光伏发展目标，现阶段的国家上网电价政策或是加上各地已出台的额外补贴政策，都很难将项目 IRR 提升到有效激励投资的水平。中国分布式光伏发展尚未找到最适宜的支持模式。光伏发电较其他发电的优势在于工艺较为成熟、施工时间短、容易短时间见效。因此，可以对长期规划在时间上进行细分。应该把理顺价格、找到适合中国分布式光伏发展的路子作为首要问题考虑。国家应继续加强从试点入手，试验更多种地方补贴模式，然后将成功模式迅速向全国推广。一旦理顺市场，找到合适的价格机制与推广模式，光伏的发展速度远远高于其他能源发电品种。光伏发电的收益取决于长期收益，如果从不合理的价格补贴入手，一样要进行长达 20 年左右的补贴，不但经济性上受到影响，而且由此引发的发电并网与后期维护等关键环节的效果也必定会差于预期。

第二，中国分布式发电目标应该谨慎制定。一方面，从总量上来看，2015 年中国分布式光伏发展目标可能定得过高，如果能够制定得更接近实际，如制定在 4～5GW，可能可以更好地完成，还能给予市场明确的信号与信心；另一方面，从各地区分布式光伏发展目标来看，其制定应该更多地考虑实际，如地区的经济发展情况、电价与电网情况、光照资源禀赋及能源结构等。特别值得注意的是，中国现阶段严重的大气污染，特别是雾霾对光伏发电的影响很大，在雾霾严重地区建设光伏项目是十分不经济的。

第三，长期来看，从收益率分析，中国集中式光伏远远优于分布式光伏。加紧建立西部集中式光伏发电外送通道，加快发展大规模可再生能源发电远距离输送与消纳技术可能更为经济，更有利于中国践行可再生能源发展目标与减排承诺。

第四，2015 年出台的分布式光伏配额制与 FIT 并存的模式并不是成熟有效的机制。中国的光伏配额制与国外通行的可再生能源配额制存在根本上的差异，其实际上是要求各省市地区制定额外的分布式光伏补贴。长期来看，如果需要过渡到配额制，电力市场化改革可能是需要走在前面的。

参 考 文 献

[1] Carrasco J M, Franquelo L G, Bialasiewicz J T, et al. Power-electronic systems for the grid integration of renewable energy sources: a surve. IEEE Transactions on Industrial Electronics, 2006, 53(4): 1002-1016.

[2] Zhang P D, Yang Y L, Shi J, et al. Opportunities and challenges for renewable energy policy in China. Renewable and Sustainable Energy Reviews, 2009, 13(2): 439-449.

[3] Capros P, Mantzos L, Parousos L, et al. Analysis of the EU policy package on climate change and renewables. Energy Policy, 2011, 39(3): 1476-1485.

[4] Yu X, Qu H. The role of China's renewable powers against climate change during the 12th Five-Year and until 2020. Renewable and Sustainable Energy Reviews, 2013, 22: 401-409.

[5] Arent D J, Wise Λ, Gelman R. The status and prospects of renewable energy for combating global warming. Energy Economics, 2011, 33(4): 584-593.

[6] Salim R A, Rafiq S. Why do some emerging economies proactively accelerate the adoption of renewable energy? Energy Economics, 2012, 34(4): 1051-1057.

[7] Johnstone N, Haščič I, Popp D. Renewable energy policies and technological innovation: evidence based on patent counts. Environmental and Resource Economics, 2010, 45(1): 133-155.

[8] Schuman S. Improving China's existing renewable energy legal framework: lessons from the International and Domestic Experience. Natural Resources Defense Council, 2010.

[9] Zeng M, Xue S, Ma M G, et al. New energy bases and sustainable development in China: a review. Renewable and Sustainable Energy Reviews, 2013, 20(4): 169-185.

[10] EPRI. Program on technology innovation: integrated generation technology options. Electric Power Research Institute[R/OL], California, USA, 2011. http://integrating-renewables.org/wp-content/ uploads/LINK-E-CCUG-000000000001022782.pdf.

[11] EIA. 2016 levelized cost of new generation resources from the annual energy outlook 2010[R/OL]. Energy Information Administration, 2010. http://205.254.135.24/oiaf/aeo/electricity_generation.html.

[12] NREL. Cost and performance assumptions for modeling electricity generation technologies[R/OL]. National Renewable Energy Laboratory, 2010. http://www.nrel.gov/docs/fy11osti/48595.pdf.

[13] EIA. Impacts of a 25 percent renewable electricity standard as proposed in the American Clean Energy and Security Act Discussion Draft. [R/OL] Energy Information Administration, 2009. http://www.eia.gov/oiaf/servicerpt/acesa/pdf/sroiaf(2009)04.pdf.

[14] David W K P D, Karen Campbell P D, Beach W W, et al. A renewable electricity standard: what it will really cost Americans[R/OL]. Heritage Foundation, Washington, USA, 2010. http://www.heritage.org/ research/ reports/2010/05/ a-renewable-electricity-standard-what-it-will-really-cost-americans.

[15] Bryce R. The high cost of renewable-eelectricity mandates. Energy Policy and the Environment Report[R], 2012.

[16] Mills A D. The cost of transmission for wind energy: a review of transmission planning studies. Lawrence Berkeley National Laboratory, 2009, 16(1): 1-19.

[17] Frondel M, Ritter N, Schmidt C M, et al. Economic impacts from the promotion of renewable energy technologies: The German experience. Energy Policy, 2010, 38(8): 4048-4056.

[18] Owen A D. Renewable energy: externality costs as market barrier. Energy policy, 2006, 34(5): 632-642.

[19] Estate C. Offshore wind cost reduction: pathways study[R]. United Kingdom, 2012.

[20] 朱柯丁. 节能减排环境下电网企业经营风险控制方法研究. 华北电力大学(北京)博士学位论文, 2011.

[21] 第一财经日报. 德银: 光伏发电统一定价对制造商利润无显著影响[M/OL], 2011-08-01. . http://news.cnfol.com/110801/101,1591,10383509,00.shtml.

[22] Isoard S, Soria A. Technical change dynamics: evidence from the emerging renewable energy technologies. Energy Economics, 2001, 23(6): 619-636.

[23] Söderholm P, Sundqvist T. Learning curve analysis for energy technologies: theoretical and econometric issues. Annual Meeting of the International Energy Workshop(IEW)[R]. Laxenburg, Austria, 2003.

[24] 陈春华, 路正南. 我国碳排放强度的影响因素及路径分析. 统计与决策, 2012(2): 96-98.

[25] 邸元, 崔潇濛, 刘晓鸥. 中国风电产业技术创新对风电投资的成本的影响. 数量经济技术经济研究, 2012, 29(3): 140-150.

[26] Smith J C, Milligan M R, DeMeo E A, et al. Utility integration and operating impact state of the art. Power Systems. IEEE Transactions on, 2007, 22(3): 900-908.

[27] EWEA. The economics of wind energy[R]. The European wind Energy Association, 2009.

[28] SUSPLAN. Efficient integration of renewable energy into future energy systems: Development of European energy infrastructures in the period 2030 to 2050[R]. Berlin, 2011.

[29] CDEAC. Report of the transmission task force to the western governors association[R/OL]. Clean and Diversified Energy Advisory Committee, 2006. http://www.westgov.org/wga/initiatives/cdeac/Transmission Report-final.pdf.

[30] Jacobs M B. Transmission recommendations for high wind penetration. Power Engineering Society General Meeting, 2007: 1-6.

[31] Kannan R, Leong K C, Osman R, et al. Life cycle assessment study of solar PV systems: an example of a 2.7 kWp distributed solar PV system in Singapore. Solar energy, 2006, 80 (5): 555-563.

[32] ECOFYS. The handbook of offshore wind power[R]. Ecofys Consultancy, 2012.

[33] VILADRICH C. Pumped Storage Power Plants[R/OL], 2012. http://www.giz.de/Themen/en/dokumente/giz 2012-en-hydropower-workshop-pump-storage-experiences.pdf.

本书其他参考文献

环境保护部环境规划研究院, 美国能源基金会.煤炭环境外部成本核算及内部化方案研究[R]. 2014.

李伟, 陈燕, 粟科华, 寇忠. "十三五" 期间中国天然气行业发展环境分析. 国际石油经济, 2015, 23(3): 5-10.

林伯强, 蒋竺均. 中国能源补贴改革和设计. 北京: 科学出版, 2012.

林伯强, 杨芳. 电力产业对中国经济可持续发展的影响. 世界经济, 2009(7): 3-13.

林伯强. 国际上为何普遍存在能源补贴. 中国社会科学报. 2014, 09.

林伯强. 能源可持续发展需要透明的价格机制和主动的渐进性改革. 东方早报. 2012, 09.

林嫘. 中国天然气价格改革及其影响的研究. 厦门大学硕士学位论文, 2014.

刘力昌. 国内天然气定价机制改革研究及建议. 经济问题探索, 2015(6): 31-38.

刘武. 中国成品油定价机制改革研究. 南京财经大学硕士学位论文, 2011.

刘毅军. 中国天然气价格形成机制演变及趋势. 天然气工业, 2015, 35(4): 107-116.

刘元玲. 中国能源发展 "走出去" 战略探析. 国际关系学院学报, 2010(1): 69-75.

孟刚, 张意翔. 国际原油价格波动对中国经济的影响与对策建议. 工业技术经济. 2008, 27(2): 114-118.

齐放, 魏玢, 张粒子. 等. 中国销售电价交叉补贴问题研究. 电力需求侧管理. 2009, 11(6): 16-19.

孙传旺.阶梯电价改革是否实现了效率与公平的双重目标? 经济管理. 2014(8): 156-167.

谢青青. 居民阶梯气价实行现状及效益评价研究. 天然气技术与经济. 2015, 9(1): 67-69.

周少甫, 周家生. 国内与国际原油市场波动溢出效应研究. 中国石油大学学报, 2006, 22(3): 8-11.

Asian Development Bank. Impact of electricity tariff reforms of power projects in China[R]. Manila, Philippines, 2003.

Bose R K, Shukla M. Elasticities of electricity demand in India. EnergyPolicy , 1999, 27(3): 137-146.

British Petroleum. Statistical Review of World Energy 2015[J]. British Petroleum, 2015.

BuShehri M A M, Wohlgenant M K. Measuring the welfare effects of reducing a subsidy on a commodity using micro-models: an application to Kuwait's residential demand for electricity. Energy Economics, 2012, 34(2): 419-425.

Chattopadhyay R, Duflo E. Women as policy makers: evidence from a randomized policy experiment in India. Econometrica, 2004, 72(5): 1409-1443.

Coady D P, Parry I, Sears L, et al. How large are global energy subsidies? An IMF Working Paper. Washington: International Monetary Fund, 2015.

Darghouth N. Tracking the Sun IV: an historical summary of the installed cost of photovoltaics in the United States from 1998 to 2010. Hku Theses Online, 2014, 14(4): 1-13.

Dilaver Z, Hunt L C. Industrial electricity demand for Turkey: a structural time series analysis. Energy Economics, 2011, 33(3): 426-436.

Dube I. Impact of energy subsidies on energy consumption and supply in Zimbabwe. Do the urban poor really benefit. Energy Policy, 2003, 31(15): 1635-1645.

Erdogdu E. The impact of power market reforms on electricity price-cost margins and cross-subsidy levels: a cross country panel data analysis. Energy Policy, 2011, 39 (3): 1080-1092.

Holtedahl P, Joutz F L. Residential electricity demand in Taiwan. Energy economics, 2004, 26 (2): 201-224.

IEEE Transactions on, 2006, 53 (4): 1002-1016.

International Energy Agency. World Energy Outlook[J]. 1999.

International Energy Agency. World Energy Outlook[J]. 2015.

Kobos P H, Erickson J D, Drennen T E. Technological learning and renewable energy costs: implications for US renewable energy policy. Energy policy, 2006, 34 (13): 1645-1658.

Lin B Q, Jiang Z. Designation and influence of household increasing block electricity tariffs in China. Energy policy, 2012, 42 (3): 164-173.

Lindman Å, Söderholm P. Power learning rates: a conceptual review and meta-analysis. Energy Economics, 2012, 34 (3): 754-761.

Liu W, Li H. Improving energy consumption structure: a comprehensive assessment of fossil energy subsidies reform in China. Energy Policy, 2011, 39 (7): 4134-4143.

McDonald A, Schrattenholzer L. Learning rates for energy technologie. Energy policy, 2001, 29 (4): 255-261.

Narayan P K, Smyth R, Prasad A. Electricity consumption in G7 countries: a panel cointegration analysis of residential demand elasticities. Energy policy, 2007, 35 (9): 4485-4494.

Sohaili K. The effect of determining gasoline price according to market mechanism on environment pollution (case study of Iran). Procedia Environmental Sciences, 2010 (2): 270-273.